NOTE

SUR

LES PRIX DE REVIENT

ET

LES PROCÉDÉS DE CONSTRUCTION

AVEC

TABLIER MÉTALLIQUE ET VOUTES EN BRIQUES

ÉTABLISSEMENT EN SOUS-ŒUVRE SOUS LES CHEMINS DE FER
EN EXPLOITATION

PAR

M. MARIN,

INGÉNIEUR DES PONTS ET CHAUSSÉES.

PARIS

DUNOD, ÉDITEUR,

SUCCESSEUR DE V^{or} DALMONT,

Précédemment Carilian-Gœury et Victor Dalmont,

LIBRAIRE DES CORPS DES PONTS ET CHAUSSÉES ET DES MINES

Quai des Augustins, 49.

—

1872

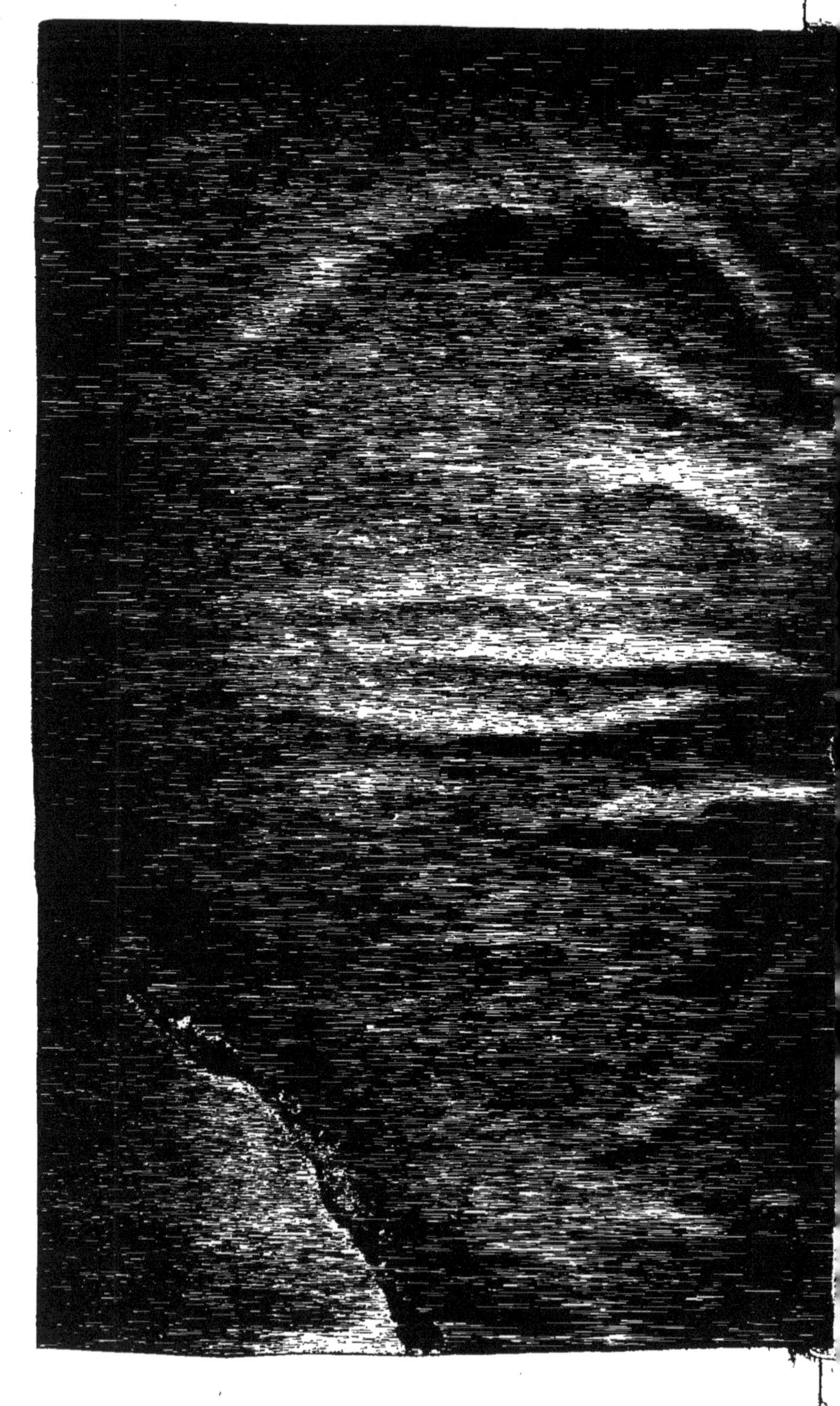

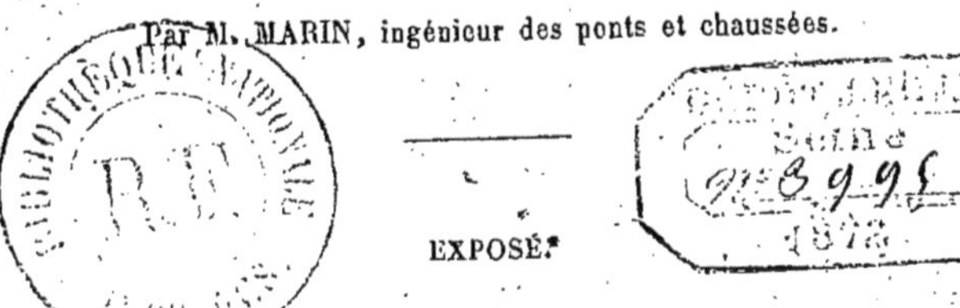

NOTE

SUR

LES PRIX DE REVIENT

ET

LES PROCÉDÉS DE CONSTRUCTION

AVEC TABLIER MÉTALLIQUE ET VOUTES EN BRIQUES

ÉTABLISSEMENT EN SOUS-OEUVRE SOUS LES CHEMINS DE FER EN EXPLOITATION.

Par M. MARIN, ingénieur des ponts et chaussées.

EXPOSÉ.

Le chemin de fer de raccordement exécuté par la compagnie de l'Ouest (*) en 1867-68, dans l'intérieur de Paris, entre la ligne d'Auteuil à Courcelles et celle de Ceinture (R. D.) à Batignolles-Clichy, a nécessité l'établissement de quatre grands ouvrages avec tabliers métalliques et voûtes en briques, savoir :

1° Sous les voies du chemin de fer de l'Ouest (Pl. 1, *fig. 1*), un grand pont construit en sous-œuvre en pleine exploitation, pour livrer passage au boulevard militaire, élargi à 40 mètres aux frais de la ville de Paris. Cet ouvrage, qui se développe sur 108^m.20 de largeur moyenne, a son ouverture de 40 mètres divisée en trois travées de 10, 17 et 13 mètres comprises entre une culée, deux rangs de colonnes et une pile en pierres.

2° Sous les mêmes voies de l'Ouest, construit dans les

____

(*) M. Jullien, directeur de la compagnie, avait confié ces travaux à M. Marin, sous la direction de M. E. Clerc, ingénieur en chef de la voie.

mêmes conditions et accolé au précédent ouvrage dont il est séparé par la pile en pierres, un viaduc formant tunnel de 130^m.25 de longueur moyenne, et 8 mètres d'ouverture, destiné au passage du chemin de fer de raccordement.

3° Sous le carrefour de la porte d'Asnières (Pl. 1, *fig.* 2) un pont de 105 mètres de développement et d'une ouverture de 16 mètres correspondant à quatre voies ferrées.

4° Sous le carrefour formé par la rencontre de la rue Brémontier et du boulevard Pereire (Pl. 1, *fig.* 3), un grand pont de forme très-compliquée et d'environ 2600 mètres quarrés de superficie, livrant passage aux voies de la ligne d'Auteuil, à celles du raccordement, qui vont un peu plus loin se réunir aux premières, enfin aux voies spéciales et aux quais de la Gare terminale de ce raccordement. La forme du tablier et la répartition des supports étaient soumises à une double sujétion : en haut les alignements des rues qu'il fallait suivre scrupuleusement ; en bas les voies ferrées et les quais qui obligeaient à distribuer les colonnes d'appui d'une façon tout à fait irrégulière, et à les espacer de telle sorte que quelques-unes devaient supporter des charges énormes.

Quelques indications sur les moyens d'exécution des deux premiers ouvrages construits en sous-œuvre sous des voies ferrées en pleine exploitation, et sur le surcroît de dépenses qui en résulte par mètre courant de voie, ou par mètre quarré de surface à étayer, seront probablement accueillis comme ayant quelque utilité pratique par ceux de nos camarades qui peuvent être appelés à étudier de semblables projets, ou à les discuter avec les ingénieurs des compagnies, lorsqu'il s'agit de faire passer sous des chemins de fer exploités une nouvelle voie de communication, telle que route, canal ou voie ferrée d'intérêt local. Sans doute, s'il est possible d'intercepter momentanément la circulation sur une des voies du chemin de fer, le pont en dessous pourra avantageusement être exécuté à ciel ouvert par parties successives. Mais souvent il sera préférable, pour ne pas déranger le service du chemin de fer et pour éviter les frais résultant de l'installation de la voie unique, d'accepter franchement la construction en sous-œuvre sous les rails.

Ce dernier système comporte plusieurs opérations successives qui, dans le cas particulier que nous avions à traiter, ont été les suivantes :

1° Modification préalable des voies ferrées et pose des longrines ;

2° Étayements et déblais généraux jusqu'à 3^m.80 au-dessous des longrines ;

3° Galeries basses pour l'édification en sous-œuvre des culées et de la pile ;

4° Assemblage et levage du tablier métallique au milieu des étais ;

5° Calage provisoire des longrines sur les fers, établissement des colonnes et construction des voûtes en briques et des chapes ;

6° Enlèvement des longrines et rétablissement des voies.

Nous décrirons successivement ces diverses opérations et nous indiquerons les dépenses correspondantes, en les rapportant au mètre courant de voie ou au mètre quarré de surface à étayer.

Nous entrerons ensuite dans quelques détails sur les dispositions prises en vue des effets de dilatation qui se propagent dans plusieurs sens lorsqu'il s'agit de vastes tabliers métalliques et sur le mode de construction utile à adopter dans ce cas pour les colonnes lourdement chargées et exposées à ces effets de dilatation.

Passant après cela à l'examen spécial du système de construction des ponts avec tabliers métalliques et voûtes en briques, nous présenterons quelques considérations pratiques sur le mode de calcul de résistance des fers et sur le résultat des épreuves de ces ponts constatant la solidarité que les voûtes établissent entre toutes les parties de la construction ; et nous rendrons compte de quelques expériences relatives à la résistance à l'écrasement des briques des voûtes sujettes au passage des roues lourdement chargées.

Enfin nous terminerons en donnant un tableau résumé des dimensions et des dépenses de construction des quatre ouvrages avec tabliers métalliques et voûtes en briques établis sur notre chemin de fer de raccordement, et nous montrerons que, malgré des différences considérables dans leurs ouvertures, et dans leurs formes qui sont les unes très-simples, les autres très-compliquées, le prix de revient de chaque ouvrage rapporté au mètre quarré de la surface couverte comprise entre les parements vus des culées et les bords extérieurs des poutres de tête, reste toujours à très-peu près le même et égal à 300 francs par mètre quarré, ce chiffre comprenant l'ensemble des dépenses à faire pour les maçonneries et le tablier métallique, abstraction faite des déblais qui varient dans chaque cas particulier et des dépenses exceptionnelles qui pourraient résulter de fondations difficiles, ou des sujétions de l'établissement en sous-œuvre sous des chemins de fer en exploitation, etc.

Cette observation expérimentale, que nous avons vérifiée sur un grand nombre d'autres exemples, fournira un moyen très-commode pour arriver instantanément, par un simple mesurage de la surface à recouvrir, à une évaluation approximative satisfaisante pour des avant-projets d'ouvrages analogues, quelles que soient leurs formes, leurs ouvertures et la répartition de leurs supports.

CHAPITRE PREMIER.

CONSTRUCTION EN SOUS-ŒUVRE SOUS LES VOIES EN EXPLOITATION.

Le pont de 40 mètres et le viaduc de 8 mètres (P. 1, *fig.* 1) devaient être établis sous un large faisceau de voies comprenant :

1° Au centre, quatre voies principales affectées au service des lignes de Normandie et à celui des lignes de Banlieue R. D. (Versailles, Saint-Germain et Argenteuil) ;

2° A gauche, les voies d'arrivage, d'expédition et de manœuvre de la gare des marchandises de Batignolles et du chemin de fer de Ceinture (R. D.) ;

3° A droite, les voies de service pour le dépôt des machines, pour les remises de voitures et les ateliers de réparation du matériel.

Afin de donner une idée de l'énorme circulation des trains et machines sur ce point, nous présentons ci-après le compte journalier des passages de trains de voyageurs ou de marchandises et des manœuvres de trains ou de machines :

Passages de trains de voyageurs. — Lignes de Normandie et de banlieue, descente et remonte. 152

Passages de trains de marchandises.— Lignes de Normandie, de Bretagne et du Nord par Argenteuil. 66

Passages de trains de ceinture (expédition et arrivage), chaque train donnant lieu à un rébroussement et par suite à deux passages. 100

Manœuvre des trains en gare pour leur composition ou leur décomposition : toutes les voies de la gare convergeant vers le point qui nous occupe, chaque manœuvre donne lieu à deux passages et l'on peut estimer le nombre journalier de ces passages à. 250

Communication des machines avec le dépôt (entrée ou sortie), chaque manœuvre donnant lieu à deux passages à cause du rebroussement. 150

Service des remises de voitures et des ateliers de réparation du matériel. 32

Nombre total des passages de trains ou magasins par vingt-quatre heures. 750

Soit en moyenne trente et un passages par heure.

Cette énorme circulation était concentrée sur un groupe de voies s'épanouissant en éventail au moyen de nombreuses communications, de telle sorte qu'à une extrémité de la feuille à ouvrir on rencontrait huit voies et à l'autre extrémité quatorze. La moindre modification de ce faisceau aurait entraîné un remaniement complet de la gare des marchandises, des dépôts de machines et des ateliers ; il était donc impossible de songer à détourner momentanément les voies dans le but de travailler à ciel ouvert par parties successives, et il n'y avait de praticable que la construction en sous-œuvre, sous le faisceau tel qu'il existait sans rien y déranger ; on ne pouvait pas davantage modifier les heures des passages de trains qui se trouvaient impérieusement commandées par les exigences d'un service très-compliqué ; enfin il était impossible d'imposer la moindre discontinuité aux manœuvres de la gare de marchandises qui occupent toute la durée du jour et de la nuit.

Il fallait donc absolument aborder franchement le problème de la construction d'un grand ouvrage sous des voies ferrées soumises à une circulation incessante, sans imposer au service de l'exploitation aucune discontinuité, ni aucune autre sujétion qu'un ralentissement convenable des trains. D'un autre côté, la prudence la plus grande nous était commandée, afin d'éviter non-seulement tout accident de nature à compromettre la sécurité des voyageurs, mais même toute altération du service régulier des trains, si légère qu'elle pût être ; car la moindre interruption des voies, en cours d'exécution des travaux, pouvait entraîner des conséquences déplorables, peut-être même arrêter à la fois tout le service de voyageurs de banlieue, celui de la grande ligne et tout le mouvement de la gare de marchandises des Batignolles et de la ligne de Ceinture.

Telles étaient les conditions du problème que nous avons pu résoudre heureusement sans donner lieu au moindre incident fâcheux, au moyen des procédés que nous allons décrire sommairement.

§ 1er. *Modification préalable des voies ferrées et pose des longrines* (Pl. 2, *fig.* 1). — Il fallait d'abord roidir les voies en les établissant sur de fortes longrines s'étendant sur toute la longueur de la fouille à faire, et dépassant même de 4 mètres de chaque côté le bord de cette fouille, afin de prendre un point d'appui solide sur le terrain en arrière.

Pour ne pas avoir à modifier les châssis des nombreux changements de voies, ni le système de construction de la voie courante formée de rails à double champignon, reposant sur des coussinets en fonte fixés sur des traverses, nous avons introduit simplement des longrines sous les traverses en fixant les unes sur les autres par des tire-fonds. Les longrines sont de grandes pièces de sapin d'environ 13 mètres de longueur ayant 0^m.40 de largeur et 0^m.35 d'épaisseur ; ces pièces sont assemblées verticalement à mi-bois bout à bout pour former une file longitudinale de 66 mètres de développement correspondant à chaque rail, et les joints sont solidifiés par des plaques d'éclissage en tôle reliées par six boulons. Sous les rails de déviation des changements de voies, les longrines obliques s'assemblent en sifflet sur la file principale au moyen d'une légère entaille et d'un fort boulonnage. Le calcul, appliqué à ces dimensions de longrines, montre qu'elles sont capables de supporter le passage des machines sans fléchir avec une portée de 3 à 4 mètres.

On a placé ensuite des madriers pour fermer les vides entre les traverses, et l'on a obtenu ainsi un plancher rigide reposant provisoirement sur le ballast.

Comme il fallait d'ailleurs réserver un jeu convenable entre le dessous de ce plancher et le dessus du pont à construire en sous-œuvre, on a dû, au moment de l'introduction des longrines, relever de 0^m.35 le niveau des rails, en les raccordant avec la voie courante au moyen de pentes de

$0^m.005$ qui s'étendent par conséquent à 70 mètres de part et d'autre des extrémités des longrines.

Cette modification préalable des voies comportait la mise en place d'environ 1.500 mètres courants de longrines, non compris les portées de 4 mètres au delà des arêtes des fouilles des culées, et l'opération présentait les plus sérieuses difficultés à cause du passage incessant des trains. Elle a été exécutée avec succès par le service de la voie, du 10 août au 5 septembre 1867, et elle a donné lieu aux dépenses suivantes :

	QUANTITÉS.	PRIX.	DÉPENSES.
		francs.	francs.
Bois de sapin en location pour longrines. .	204^{mc}	85.00	17.340
Bois de sapin en location pour plancher, garde-corps, etc.	205^{mc}	60.00	12 300
Fer en location pour plaques d'éclissage, boulons, tire-fonds, etc..	$6 200^{k}$	0.26	1 612
Fourniture de ballast pour relèvement des voies.	$1 500^{mc}$	3.00	4 500
Renouvellement partiel des matériaux de la voie (traverses, rails, etc.).	»	»	5 000
Fournitures accessoires, clous, outils, etc. .	»	»	1 248
Main-d'œuvre pour le relèvement des voies, sur $0^m.35$ de hauteur, y compris les pentes aux abords qui s'étendent à 70 mètres de part et d'autre de la surface à étayer, mise en place des longrines et du plancher, modification des signaux, etc.	»	»	16 000
Total correspondant à 750 mètres courants de voies posées sur longrines dans l'étendue du déblai à exécuter et à 2 025 mètres de surface à étayer comprise entre les bords de la fouille à faire.	»	»	58 000

Ce qui correspond à $77^f.30$ par mètre courant de voie posée sur longrines et à $28^f.60$ par mètre quarré de surface étayée.

Les voies ayant été établies sur longrines, un ordre de service de M. Clerc, ingénieur en chef, est venu définir nettement les attributions et la responsabilité du service de la voie et de celui des travaux : le premier restait chargé d'entretenir en bon état les voies et appareils reposant sur les longrines ; le deuxième devait prendre toutes les mesures utiles pour exécuter, au fur et à mesure de l'avancement des fouilles les étayements sous longrines et maintenir celles-ci à un niveau invariable, sans imposer à l'exploitation d'autre gêne que le ralentissement des trains à la vitesse d'un homme marchant au pas.

Les menues dépenses faites par le premier service pour l'entretien des voies et appareils placés sur longrines ont consisté à peu près exclusivement en frais de surveillance de jour et de nuit et se sont élevées à 4 300 francs, ce qui correspond à 6 francs par mètre courant de voie et 2 francs par mètre quarré de surface étayée.

Il nous reste à rendre compte des procédés d'exécution employés par le service des travaux pour accomplir la lourde tâche qui lui était imposée.

§ 2. *Étayement et déblais généraux jusqu'à* $3^m.80$ *au-dessous des longrines* (Pl. 2 et 3). — La portion du grand pont correspondante à la surface à étayer comprenait dix poutres (Pl. 2, *fig.* 1, n°s 10 à 19) espacées de $4^m.55$ d'axe en axe et réunies par des entretoises distantes entre elles de $1^m.13$ ou $1^m.10$. Les poutres, d'une longueur de $41^m.80$, devaient être formées de deux semelles en tôle de $0^m.60$ de largeur réunies par une double paroi en treillis de $1^m.50$ de hauteur. On devait les apporter de l'atelier par morceaux d'environ $6^m.50$ de longueur qu'il fallait introduire à travers les étais, et assembler sur place bout à bout et avec les entretoises. Celles-ci devaient avoir $4^m.30$ de longueur et offrir l'aspect d'un I de $0^m.17$ de largeur et $0^m.40$ de hauteur, terminé à chaque extrémité par de grands goussets destinés à être rivés sur les montants des parois en treillis des grandes poutres.

Les *fig.* 3 et 4, Pl. 2 et la *fig.* 19, Pl. 3, rendent suffisamment compte de ces dispositions d'ailleurs très-simples. Mais comme il fallait, en raison des assemblages à exécuter sur place, réserver un jeu suffisant pour les riveurs entre le dessus des poutres et le dessous des pièces

du plancher provisoire, il était impossible d'établir immédiatement cette ossature métallique à son niveau définitif;
il fallait l'assembler à un niveau plus bas de $0^m.75$, et l'é-
lever après cela tout d'une pièce au niveau voulu. Les
étayements devaient en conséquence être disposés suivant
des lignes régulières, parallèles longitudinalement aux
poutres en fer, transversalement aux entretoises, afin de
réserver, comme sur un damier, les vides nécessaires à
l'assemblage et à l'élévation verticale de l'ensemble de
l'ossature en fer. Mais les directions variables et obliques
du faisceau de voies à étayer ne permettaient pas de placer
directement les étais sous les longrines, et nous avons dû
préalablement introduire par dessous des chapeaux transversaux de $\frac{0.22}{0.30}$ sous lesquels nous avons pu disposer le
damier régulier formé par les étais verticaux.

Chaque file longitudinale d'étais (Pl. 2, *fig.* 2 et Pl. 3,
fig. 1) est formée de poteaux de $\frac{0.30}{0.30}$ espacés de $3^m.40$
en moyenne et de contrefiches de $\frac{0.25}{0.25}$ disposées en éventail, le tout s'appuyant sur le sol au moyen de larges semelles de $\frac{0^m.60}{0^m.25}$. Ces files sont espacées de $1^m.51$ d'axe
en axe et les entretoisements transversaux sont disposés
(Pl. 2, *fig.* 3) de manière à laisser entièrement libre une
galerie longitudinale correspondant à chaque poutre en fer.

Dans les galeries transversales de largeur variable comprises entre les poteaux verticaux, les entretoises en fer
peuvent se mouvoir verticalement dans les vides laissés
entre les contrefiches et les poteaux, ou entre deux contrefiches convergentes : deux galeries transversales plus
larges, l'une de $4^m.53$ voisine de la culée, l'autre de
$4^m.55$ voisine de la pile, ont été réservées pour faciliter
l'introduction des morceaux de poutres en tôle à travers

les étais et pour livrer passage à des trains de terrasse-
ments.

Restait à déterminer la profondeur à donner aux fouilles
générales et aux étayements correspondants. La plate-forme
définitive à déblayer devait descendre à 7ᵐ.5o au-dessous
des longrines. Mais vouloir exécuter ces déblais en une
seule fois aurait eu comme conséquence d'augmenter beaucoup les dépenses et les difficultés des étayements tout en
diminuant les garanties de solidité, de compliquer l'opération de l'assemblage des fers qui aurait exigé des écha-
faudages spéciaux, enfin d'accroître considérablement le
cube des déblais coûteux à exécuter en galerie.

Pour éviter ces inconvénients, nous avons limité les
étayements généraux et les déblais correspondants à une
profondeur de 3ᵐ.8o, jugée suffisante pour donner au-
dessus et au dessous des poutres en fer de 1ᵐ.5o de hauteur, le jeu nécessaire à l'assemblage de l'ossature métallique. Cette profondeur correspondait précisément au niveau
du terrain naturel solide qu'on rencontrait au-dessous d'un
remblai de date assez récente et non encore complétement
tassé.

Après avoir exécuté ce premier déblai général, nous
sommes descendus au moyen de galeries blindées jusqu'au
niveau des fondations des culées et de la pile, situé à 3ᵐ.7o
en contrebas.

Quant aux colonnes, nous avons pu les fonder et les
mettre en place sans la moindre sujétion, grâce au procédé suivant :

L'ossature métallique élevée à son niveau définitif et reposant par ses extrémités sur les maçonneries a été appuyée
provisoirement sur le sol par des supports en charpente
(Pl. 3, *fig.* 19); et au moyen de calages interposés entre les
chapeaux du plancher en charpente et les fers, elle est
venue supporter les voies ferrées, ce qui a permis de supprimer les étayements, de déblayer librement les tranchées

correspondantes aux deux files de colonnes et d'exécuter facilement les fondations et la mise au levage de celles-ci sous les poutres.

Après avoir motivé, par les considérations précédentes, le système général adopté, nous nous bornerons à décrire succinctement l'opération des étayements généraux et des déblais en galerie correspondants.

La première galerie a été percée suivant la ligne CD du plan général (Pl. 2, *fig.* 1), et les *fig.* 2, 3, 4, 5, 6, 7, 8, 9 et 10 de la Pl. 3, montrent la succession des opérations faites pour arriver à la mise en place des éventails définitifs en bordure de cette première galerie. Ces opérations étaient nécessairement assez complexes, attendu qu'on avait à travailler dans un remblai récent et non encore tassé : on poussait une première galerie d'avancement comportant des étais de 2 mètres de hauteur seulement placés sous les longrines; à travers ces petits étais on introduisait par longueur de 5 à 6 mètres des chapeaux qu'on fixait sous les longrines par des tire-fonds; on rétablissait les petits étais sous ces chapeaux, et l'on blindait les parois latérales du déblai en ayant soin d'opérer, au moyen de coins, des relevages successifs sous les étais partout où le terrain d'appui venait à tasser. A 10 mètres environ en arrière, on faisait suivre une galerie haute en descendant le déblai jusqu'à la profondeur prévue de 3ᵐ.80 au-dessous des longrines; les petits étais placés sous les chapeaux étaient remplacés au fur et à mesure par des cadres en charpente (*fig.* 4), contreventés longitudinalement (*fig.* 5). Ces cadres provisoires fournissant un appui solide aux longrines, on procédait à l'élargissement à droite et à gauche, toujours par deux étages successifs de déblais, et dans l'intervalle des cadres provisoires de la première galerie, on venait placer les deux files d'éventails définitifs qui bordent cette première galerie.

L'élargissement de chaque côté de ces première files

d'éventails définitifs était obtenu par des procédés analogues (Pl. 3, *fig.* 8 et 9) comportant : un élargissement sur deux étages de déblais successifs ; de petits étais provisoires sous longrines pour permettre le passage des chapeaux longitudinaux ; de grands étais provisoires placés obliquement sous les chapeaux pour permettre l'établissement des semelles d'appui sur le sol ; puis le placement des poteaux verticaux qu'on coinçait solidement entre la semelle et le chapeau correspondant. Les contrefiches en éventail étaient disposées ensuite et coincées à leur pied sur la semelle.

Enfin, on contreventait les files de poteaux par des croix de Saint-André dans le sens longitudinal.

Tout ce système d'étayements provisoires et définitifs ne comportait aucun assemblage ; toutes les pièces étaient facilement maniables ; la charpente étant simplement roidie par des coinçages, on avait toujours disponible le moyen de remédier aux tassements du sol, comme aussi d'opérer facilement le déplacement momentané de celles des pièces de charpente qui pourraient gêner le montage des fers au milieu des étais.

§ 3. *Galeries basses pour l'édification en sous-œuvre des culées et de la pile.* — L'étayement général étant ainsi exécuté jusqu'à la profondeur de $3^m.80$ au-dessous des longrines, et les deux parois extrêmes du déblai ayant été consolidées par des blindages, on a entrepris de descendre à $3^m.70$ en contrebas les fouilles des culées et de la pile, en commençant par les deux fouilles basses extrêmes, celles des culées. L'une d'elles devait être pratiquée à travers un terrain de sable fin très-coulant et exigeait les plus grandes précautions ; on avait à tenir compte en effet de la poussée résultant d'une charge supérieure de $3^m.80$ de remblai, et des vibrations imprimées par le passage des trains ; et l'on comprend l'importance d'une semblable poussée sur la paroi d'un fouille qui devait descendre à $7^m.50$ en contrebas des longrines. La culée à construire étant divisée en portions de 4^m.53 de longueur par des chaînes de pierre de taille qui correspondaient à l'appui des poutres, nous avons procédé à la fouille et à l'édification des maçonneries par parties successives d'une longueur égale à 4^m.53 et nous avons descendu le déblai de chaque partie au moyen de trois étages successifs de déblais et d'étayements provisoires (Pl. 3, *fig.* 11, 12, 13, 14 et 15), savoir : 1° introduction sous les grandes semelles longitudinales supportant les étayements supérieurs, d'un chapeau transversal convenablement calé en dessous (*fig.* 12) ; 2° descente à un étage inférieur au moyen de petits étais et du blindage des parois latérales (*fig.* 13) ; 3° étais provisoires obliques (*fig.* 11 et 14) placés sous le chapeau transversal supérieur et permettant la mise en place du cadre de blindage définitif (*fig.* 15). Ce dernier comprend une semelle transversale posée sur le fond de la fouille, deux poteaux formant le prolongement des poteaux des étayements supérieurs, et trois cours d'entretoises contrebutant les poteaux latéraux par le haut, par le bas et par le milieu. En bourrant avec soin derrière le blindage, on obtenait ainsi une galerie solide de 4^m.53 de longueur où l'on s'empressait d'établir la portion de maçonnerie correspondante, pendant qu'on entreprenait le déblai d'une tâche voisine. La semelle transversale inférieure, le poteau du côté des terres et le blindage restaient englobés dans la maçonnerie ; le chapeau transversal supérieur était scié au ras des semelles longitudinales des étayements supérieurs, et les poteaux inférieurs correspondant au parement vu de la maçonnerie étaient coincés contre ce parement (Pl. 3, *fig.* 16).

La maçonnerie de la pile a été exécutée dans une galerie blindée analogue, et avec les mêmes précautions.

Nous sommes ainsi arrivés à la situation figurée (Pl. 2, *fig.* 2), savoir : une vaste plate-forme de déblai arasée à 3^m.80 au-dessous des longrines, et les maçonneries de la

— 15 —

pile et de la culée du grand pont arasées au niveau inférieur correspondant à l'assemblage des fers. Quant à la culée du viaduc de 8 mètres, elle avait pu être élevée de suite
jusqu'au niveau des pierres d'appui des poutres.

Les opérations d'étayements et de déblais en galerie que
nous venons de décrire comportaient de nombreuses sujétions, dont le règlement est toujours difficile avec un entrepreneur. Nous avons écarté toute difficulté par une entente
préalable réalisée aussitôt que l'ingénieur et l'entrepreneur
eurent été en mesure de réunir des données suffisantes.
Des attachements contradictoires ayant été pris dès le dé-
but de l'opération, et la marche normale théorique des
travaux ayant été d'autre part mûrement discutée, il fut
reconnu :

1° Que pour un mètre cube de charpente entrant dans la
composition des étayements définitifs, il fallait préalablement mettre en œuvre 3 mètres cubes d'étayements provi-
soires dont $\frac{1}{5}$ à compter en premier emploi et $\frac{4}{5}$ en réem-
ploi par suite des déplacements successifs; en conséquence
on convint :

De constater simplement le cube de la charpente des étayements définitifs à compter à 60 francs le mètre cube, prix
comprenant la fourniture des ferrures et la dépose difficile
dans l'embarras des fers;

Puis d'admettre pour les étayements provisoires un cube
trois fois plus grand, à compter : $\frac{1}{6}$ en premier emploi à
42 francs et' $\frac{4}{5}$ en deuxième emploi à 15 francs;

2° Que pour tenir compte des sujétions résultant de l'embarras des étais, des bourrages à faire derrière les blindages, des frais d'éclairage de nuit, enfin de la nécessité de
sortir les déblais à la brouette pour les mettre en dépôt en
dehors de la surface étayée, ou bien les recharger sur wagons, il serait compté en sus du prix général de 1f.50 applicable aux déblais courants de l'entreprise transportés en
remblai, une plus-value ainsi fixée :

1f.50 par mètre cube pour les déblais en galerie jusqu'à la plate-forme générale des étayements;

2f.50 par mètre cube pour les déblais des galeries basses blindées correspondant aux fouilles des culées et de la pile.

Cette convention qui a sauvegardé les intérêts de la compagnie en prévenant toute difficulté de règlement de compte, a eu aussi l'avantage de stimuler l'entrepreneur, M. Joumelle, qui a pu développer dans un ouvrage difficile toute son intelligence et son énergie. Grâce à un travail incessant de jour et de nuit, nous avons en soixante-dix jours, du 1er septembre au 10 novembre 1867, établi sur étais une surface de 2 025 mètres quarrés comportant environ 700 mètres cubes d'étayements définitifs, 2 100 mètres cubes d'étayements provisoires et 8 400 mètres cubes de déblais en galerie.

Dans les trois semaines suivantes, du 10 au 30 novembre, nous avons réalisé les fouilles inférieures en galerie blindée et exécuté les maçonneries basses des culées et de la pile, de telle sorte que l'ensemble des étayements, des déblais et de l'édification en sous-œuvre des maçonneries, n'a exigé que trois mois en tout.

§ 4. *Assemblage et levage du tablier métallique au milieu des étais.* — Les travaux d'étayements et de déblais ayant été terminés plus vite qu'on ne l'avait espéré, la préparation des fers à l'usine Cail et Cᵉ ne s'est pas trouvée assez avancée pour procéder à l'assemblage sur place dès le 1er décembre 1867, comme cela eût été possible. Cette opération n'a pu commencer que le 15 janvier 1868 et elle a été, du reste, conduite avec une remarquable activité par M. Moreaux, ingénieur de la maison Cail ; car elle a été terminée en deux mois.

Les morceaux de poutres d'environ 6m.50 de longueur, étaient apportés sur des lorrys par la voie ferrée passant sous la galerie large CD (Pl. 2, *fig.* 1). Ces morceaux, après avoir pu tourner de 90 degrés dans la galerie grâce à la suppar leur généralité montrent assez l'importance qu'on attache à cette étude (*).

Le système le mieux accusé pour le choix des rails, traverses, etc., destinés à l'entretien des voies, est celui de la compagnie de l'Est. Il se formule ainsi : aménagement de la réfection de manière à ce qu'elle fournisse de bons matériaux vieux en suffisante quantité pour l'entretien des parties conservées du même système. Toutes les autres compagnies semblent, du reste, tendre plus ou moins vers le même mode qui doit avoir pour résultat de conserver aussi bien que possible l'homogénéité de la voie.

VI. — RÉFECTION DES VOIES.

Réseau du Nord. — Les voies du Nord ont été établies d'abord avec des rails à double champignon, les premiers de 3o kilogrammes par mètre courant, les seconds de 37 kilogrammes; depuis 1855, on a donné la préférence au rail Vignole de 37 kilogrammes.

Les rails étaient d'abord tous en fer ; on en emploie maintenant en acier Bessemer.

Le renouvellement intégral des portions de voies considérées comme défectueuses se fait maintenant avec toute l'activité désirable. Combiné avec l'entretien, il paraît offrir des garanties aussi complètes que possible pour la sûreté de la circulation.

Les rails et les traverses qu'on retire des voies ainsi renouvelées sont classés suivant le degré d'usure, en différentes catégories; quelques-uns peuvent encore servir pour réparer des parties de la voie principale où le mouvement

---

(*) La compagnie de la Méditerranée, qui continue ses expériences en France sans les étendre quant à présent, emploie des traverses en fer sur les chemins algériens.

est moins actif. Les autres sont employés dans des garages ou définitivement réformés.

En 1868 on a renouvelé 150 kilomètres environ de simple voie (un vingtième du développement total des voies principales).

Sur cette longueur, 24 kilomètres environ ont été établis en rails d'acier Bessemer, sur les points qui fatiguent le plus, c'est-à-dire sur la voie de droite de la ligne de Paris à Creil par Pontoise; les parties en pente de la ligne de Chantilly, quelques parties de voies des gares de la Chapelle et de Tergnier.

Les rails en fer ressortent à 190 francs la tonne; les rails en acier Bessemer à 350 francs. L'expérience est encore trop récente pour que l'on puisse prévoir si la différence dans la durée compensera l'augmentation de dépense. Cependant les premiers résultats sont assez encourageants pour décider la compagnie à faire de nouvelles commandes.

Réseau de l'Est. — Le réseau de l'Est a été d'abord établi avec des rails à double champignon de 25, 30, 35 et $37^{k}.50$ par mètre courant. Une partie des rails de 35 kilogrammes était à double champignon non symétrique. La compagnie emploie maintenant des rails Vignole de 35 à 36 kilogrammes par mètre (ligne d'Alsace) et de $37^{k}.50$ (Paris à Strasbourg). Le type ordinaire est le rail de 6 mètres de longueur et de 37 kilogrammes par mètre courant.

Les voies primitives ont été refaites entièrement sur une longueur de simple voie de $3416^{k}.339$, et dans cette longueur on a refait pour la deuxième fois $1418^{k}.418$.

Les rails de 25 kilogrammes posés sur la ligne de Strasbourg à Bâle et à Thann ont duré dix-huit ans six mois.

Ceux de 30 kilogrammes, de la ligne de Montereau à Troyes, ont duré quatorze ans et trois mois. Mais il en reste encore sur cette ligne qui sont en place depuis vingt ans.

Le rails remplacés de la ligne de Mulhouse, de 35 kilogrammes, n'ont duré que sept ans et dix mois. Comme il reste beaucoup de ces rails en place, la durée moyenne calculée sur l'ensemble ne peut pas être encore déterminée exactement.

Même en tenant compte de l'augmentation du poids des machines et de l'accroissement du trafic depuis l'origine, circonstances qui ont eu pour conséquence de hâter la mise hors de service des rails, il est bien évident que les rails légers de l'origine étaient d'une qualité supérieure à celle des rails qu'on a fournis depuis; de sorte que l'abaissement des prix n'a pas été un gain absolu et doit être attribué en partie à des mélanges de minerais et à des procédés de fabrication moins satisfaisants.

De 1863 à 1868, le nombre de traverses remplacées annuellement par des traverses neuves, soit pour l'entretien, soit pour le renouvellement, a passé de 104 075 à 337 254, ou, en rapportant ces chiffres au nombre total des traverses des voies, de 29 p. 100 à 80 p. 100.

Le rapport de l'Est ne fournit pas de renseignements sur l'emploi des rails en acier.

La compagnie de l'Est vient d'appliquer, sur 10 kilomètres, la voie Hartwich, composée de deux rails Vignole de $0^m.23$ de hauteur et de $0^m.125$ de largeur de patin, reliés par deux cours d'entretoises en fer rond et reposant directement sur le ballast sans traverses; elle coûte à peine autant que la voie ordinaire en rails Vignole. Il faut attendre les enseignements de l'expérience pour la juger.

Réseau de la Méditerranée.—Le rapport ne s'explique pas sur l'importance des réfections faites, mais il entre dans des détails précis sur les résolutions prises quant au système de voie à adopter pour la réfection de la ligne de Paris à Marseille.

Le réseau de la Méditerranée, formé de lignes provenant des différentes administrations, offre de nombreux types de rails. De Paris à Lyon, le rail à double champignon symétrique avait été adopté ; de Lyon à Marseille on avait accordé la préférence au rail à double champignon non symétrique (36^k.25) ; sur la ligne du Bourbonnais, le rail Vignole (36 kilogrammes) avait prévalu. Tous ces rails étaient en fer.

Aujourd'hui, pour la réfection de la voie de Paris à Marseille, la compagnie vient d'adopter le rail Vignole en acier Bessemer du poids de 39^k.750 par mètre courant. L'excédant de poids qu'il présente sur les anciens types a pour objet l'élargissement du patin, afin d'augmenter la surface de pose sur les traverses et de permettre de faire passer les chevilles ou tire-fonds à travers le patin pour faire concourir le clouage intérieur comme le clouage extérieur à la résistance contre les poussées latérales.

Les rails de 6 mètres de longueur doivent porter sur huit traverses avec joints en porte-à-faux. Ces espacements sont ainsi :

2 porte-à-faux, 2 (o.3o).	o.6o
2 portées extrêmes, 2 (o.7o).	1.4o
5 portées intermédiaires, 5 (o.8o).	4.oo
Total	6.oo

L'écartement entre les traverses comprenant le joint est de o^m.6o4, avec le jeu de o^m.oo4 pour le joint.

L'écartement moyen des traverses est seulement de o^m.75, soit de 25 p. 100 moins grand qu'à présent.

Pour ce travail, la société de Terre-Noire et Bésséges a accepté une commande de 6o ooo tonnes de rails en acier à 314 francs. Elle les fabrique en passant directement aux convertisseurs la fonte prise à la sortie des hauts fourneaux dont le lit de fusion est composé en conséquence.

Le rapport apprécie ainsi cette commande :

« Cette production régulière, sûre d'elle-même, complé-
« tement industrielle en un mot, d'acier Bessemer avec la
« fonte de première fusion, est un progrès qui a la portée

« d'une révolution économique et qui n'était possible
« qu'avec le concours d'une puissante compagnie de che-
« mins de fer. L'élan est donné, il ne s'arrêtera pas. »

Réseau d'Orléans. — Le rapport sur le réseau d'Orléans
ne donne aucun renseignement spécial sur les réfections
qui se trouvent confondues dans une courte indication avec
les travaux ordinaires d'entretien.

Pour l'ensemble, comme il a été dit plus haut, les rails
neufs employés en 1868 représentent un poids de 19400
tonnes, dont 2300 tonnes en acier et 500 tonnes en fer cé-
menté extérieurement.

Le rapport ne dit rien de la forme des rails.

Réseau de l'Ouest. — Le rapport ne fait pas mention du
genre de rail employé par la compagnie.

La réfection a porté, en 1868, sur 96^k.644, dont 37^k.075
en rails en acier.

On avait déjà renouvelé avec de tels rails, pendant les
années antérieures, une longueur de voie de 13^k.912, ce
qui porte à 51^k.587 la longueur totale des voies en acier
existant au 1er janvier 1869.

Les rails en acier Bessemer coûtent, rendus aux Batignolles (marché de 1868), 355 francs la tonne, les rails en
fer 178 francs exceptionnellement et 200 francs en règle
ordinaire. Avec ce dernier chiffre, le mètre courant de voie
en fer, avec huit traverses par longueur de rail de 6 mètres, revient à 28^f.62.

Avec rails et éclisses en acier, le même nombre de traverses et coussinets à large semelle, le mètre courant coûte
43^f.59.

L'augmentation de 50 p. 100 environ qui en résulte n'a
pas arrêté la compagnie dans l'emploi des rails en acier sur
les points où les voies se trouvent exposées à une fatigue
exceptionnelle, mais cet emploi n'a lieu que dans la mesure
du renouvellement reconnu nécessaire des rails en fer.

Cette détermination de la compagnie en faveur des rails

en acier est justifiée par la durée notablement supérieure qu'on doit en attendre d'après des expériences qui remontent à 1860.

La durée plus grande des rails en acier, en compensant l'excédant de prix, présentera en outre l'avantage d'éloigner les époques de renouvellement et de diminuer ainsi les chances d'accident.

Quelques ruptures de rails en acier sur la voie sont dues à des fentes produites par le perçage des rails au poinçon. Cette opération se fait maintenant à la mèche.

Réseau du Midi. — La compagnie du Midi avait d'abord établi ses voies avec des rails Barlow sur la ligne principale et avec des rails Brunel sur la ligne de Bordeaux à Bayonne. Elle a remplacé ces types par le rail à double champignon symétrique qu'elle paraît préférer à tous les autres.

Les rails Barlow ont complétement disparu des voies principales. La compagnie les a utilisés autant que possible à des constructions de viaducs, de supports, de réservoirs, etc.

Les restes de voie Brunel qui existaient encore entre Morcenz et Mont-de-Marsan seront successivement supprimés. Sur la ligne de Béziers à Graissessac, la compagnie poursuit aussi la réfection des parties de voie en rails Brunel. Il ne reste plus que 4500 mètres de voie à remplacer.

Le rapport ne dit pas que la compagnie ait fait emploi de rails en acier dans la voie courante, mais il résulte des renseignements recueillis qu'elle a commencé à employer des rails en acier en 1864 (100 tonnes) et que, à la fin de 1868, les commandes faites successivement s'élevaient ensemble à 4200 tonnes. La commande de 1864 a été conclue à 600 francs la tonne, et la compagnie vient de traiter en octobre 1869 pour 1400 tonnes à 310 francs avec la compagnie des forges de Terre-Noire.

Observations. — Quand on a commencé les chemins de fer en France, les rails en fer coûtaient plus de 400 francs la tonne et l'acier le plus ordinaire 2000 francs. Maintenant les rails en fer coûtent couramment 200 francs. Les rails en acier (en acier Bessemer au moins) se traitent couramment par petits marchés de 350 à 360 francs, et pour un grand marché (60000 tonnes) la compagnie de la Méditerranée a pu conclure à 314 francs (*). A ce taux, la substitution de l'acier au fer pour les rails n'augmente guère que d'un quart le prix de la voie, ballast compris.

L'accroissement incessant du trafic, les fortes déclivités, l'emploi de l'acier pour les bandages des roues, l'usure rapide de la voie qui s'ensuit, les difficultés d'entretien qu'elle amène, l'écart de prix de plus en plus faible entre le fer et l'acier, ont conduit naturellement à l'emploi de ce dernier. La plupart des compagnies ne font encore que des essais (assez importants il est vrai) sur les parties de voie les plus fatiguées. La compagnie de la Méditerranée se décide pour l'application sur la ligne entière de Paris à Marseille (872 kilomètres), et le prix de 314 francs qu'elle a obtenu peut dès à présent être considéré comme acquis pour tous. La fabrication de l'acier Bessemer avec de la fonte prise directement au haut fourneau a été établie d'emblée depuis longtemps dans les forges alimentées naturellement de minerais convenables, et elle s'étendra facilement à celles qui doivent aller chercher plus ou moins loin les éléments d'un lit de fusion satisfaisant.

Dès à présent on peut être certain que l'emploi des rails en acier s'étendra de plus en plus. C'est là une question décidée.

On peut presque en dire autant du gabarit des rails. On n'emploie plus guère maintenant en France que deux modè-

---

(*) En octobre 1869, comme nous l'avons dit plus haut, la compagnie du Midi a conclu un marché de 1400 tonnes à 310 fran

les : le rail à double champignon symétrique qui perd du terrain et le rail Vignole qui en gagne.

On fait une excellente voie avec le rail à double champignon-éclissé ; on en fait de non moins bonnes, de plus simples et plus économiques avec le rail Vignole. La compagnie du Nord a donné l'exemple de son emploi en 1855. La compagnie de l'Est a suivi ; la compagnie d'Orléans l'applique au moins sur ses nouvelles lignes ; la compagnie de la Méditerranée, qui avait hésité jusqu'à présent, vient de se décider avec éclat, et ce résultat est d'autant plus significatif qu'elle a déjà, dans son réseau, une grande variété de types.

Nous croyons que le chemin de fer de l'Ouest continue à employer exclusivement le rail à double champignon et l'on comprend que la compagnie du Midi, qui n'a pas été heureuse à ses débuts dans le choix de ses types, se tienne au modèle à double champignon qu'elle leur a substitué, qui lui donne une bonne voie et assure, par son emploi exclusif, une simplification du service.

A l'occasion des réfections de voie et même par l'étude courante du besoin de l'entretien, on est sans doute arrivé à constater les degrés d'usure des rails suivant les conditions de tracé en plan et en profil. Les rapports ne donnent à cet égard aucun résultat. Les faits établis doivent cependant servir à régler de quelle manière il conviendrait de répartir les rails en acier pour en tirer le meilleur parti possible, tant qu'on n'en fait que des emplois partiels.

M. Thoyot a recueilli d'utiles renseignements sur la durée des matériaux de la voie. Ils n'ont pas encore toute la précision désirable, parce qu'il n'existe pas de constatations suffisantes. Il serait utile que, sur chaque réseau, on reprît cette question pour mieux se rendre compte de la part qu'il faudra faire aux dépenses de réfection dans les budgets de l'avenir au compte d'exploitation.

Les rapports ne disent rien ou presque rien sur la pose

de la deuxième voie, qui a cependant des relations importantes avec l'exploitation.

Les conséquences du développement continu du trafic se montrent d'abord dans les agrandissements des stations ; là elles sont accusées au jour le jour et dans tous leurs détails ; la nécessité de l'addition de nouvelles voies courantes se fait sentir à plus longs termes, mais elle entraîne à des dépenses considérables, et sous ce rapport mérite une attention particulière.

Déjà sur quelques lignes établies et exploitées d'abord à une voie, on a construit ou l'on se décide à construire la seconde. Parmi les lignes établies à deux voies à l'origine, ces deux voies ont paru, en certaines sections, insuffisantes. On a fait des voies supplémentaires, on a dédoublé des lignes.

Ne serait-il pas utile de donner la relation de ces faits avec les éléments influents de la question, comme l'importance du trafic, la diversité des vitesses des trains, etc. ?

On pourrait encore signaler avec fruit, au courant de l'exploitation, les sections à une ou à deux voies les plus chargées, le service qu'elles font et, par induction, celui qu'on peut en attendre ?

VII. — Appareils particuliers de la voie et passages a niveau.

Réseau du Nord.— La compagnie a commencé en 1859 à faire emploi de l'acier fondu dans les changements et croisements de voie. L'acier que fournissaient alors les usines de MM. Petin et Gaudet coûtait 931 francs la tonne. Les pièces en acier Bessemer brutes de forge sont livrées maintenant par l'usine d'Imphy à 355 francs.

Du 25 juin 1859 au 30 juin 1868, il a été posé 17660 pièces en acier. Au 31 décembre 1868, 377 de ces pièces avaient été remplacées après une durée moyenne de deux

ans et onze mois. La moyenne annuelle des rebuts est de
0.075 p. 100, tandis que pour les pièces en fer le renouvellement s'élevait à 33 p. 100. Aussi remplace-t-on les
pièces en fer par des pièces en acier à mesure que les premières sont hors de service.

On substitue partout des plaques tournantes de 4^m.20 de
diamètre à celles de 3^m.40 qui avaient été posées dans le
principe.

Il existe encore sur le Nord des barrières de passage à
niveau à lisse et à tourniquet. Leur remplacement devra
se faire conformément à la décision ministérielle du 27
juillet 1867.

Réseau de l'Est. — Les anciennes barrières des passages
à niveau sont presque toutes en bois et exigent de fréquentes réparations. On emploie actuellement des barrières
en fer.

D'après la nature des barrières, les 2 230 passages à niveau se classent ainsi :

```
Avec barrières en fer. . . . . . . . . . . . . . . . .   84 ⎫
Avec barrières en bois roulantes et pivotantes. . . 1 418 ⎪
Avec lisses glissantes. . . . . . . . . . . . . . .  212 ⎬ 2 230
Avec barrières manœuvrées à distance. . . . . . . .  275 ⎪
Portillons ( passages de piétons isolés). . . . . . .  241 ⎭
```

On pavait autrefois tous les passages à niveau pour voitures, mais il fallait incessamment démolir les pavages
pour l'entretien. On a pris le parti de substituer aux pavages des empierrements maintenus par des contre-rails. Ce
système a bien réussi, et l'expérience a démontré qu'il
n'offre aucun des inconvénients dont on s'était préoccupé
à l'origine.

Réseau de la Méditerranée. — Le rapport constate que
les appareils sont des meilleurs types et bien entretenus. Il
fait connaître qu'à Moret, gare de bifurcation des lignes de
la Bourgogne et du Bourbonnais, deux changements de voie

sont manœuvrés par un seul et même levier à une distance de $62^m.5o$ et qu'on vient d'établir à cette bifurcation un poste spécial dans le système anglais, où se concentre tout le service des aiguilles.

Le principe de l'ingénieux système d'enclanchement du disque et des aiguilles, imaginé par M. Vignier, a été appliqué en Angleterre avec la manœuvre à distance des aiguilles. On a réussi ainsi dans les gares intérieures de Londres, où s'opère un énorme mouvement de voyageurs et de marchandises, à supprimer complétement les aiguilleurs ambulants. Tout part du poste avancé. C'est lui qui manœuvre les aiguilles, qui fait les signaux et, grâce à l'enclanchement, toute erreur est matériellement impossible. C'est un observatoire de ce genre qui a été établi à Moret. Cet essai conduira probablement à d'autres applications, par exemple à des gares qui, comme celle de Perrache, sont le siége d'un mouvement fort actif.

Réseau d'Orléans. — Le rapport se contente de signaler que l'entretien des changements, croisements de voie, plaques tournantes, etc., a été bien fait ; qu'on a établi les nouvelles installations nécessaires et que l'entretien des barrières et autres accessoires des passages à niveau n'a rien laissé à désirer.

Réseau de l'Ouest. — La compagnie emploie exclusivement l'acier, depuis environ dix ans, pour les changements et croisements de voie. Le poids des aciers employés à cet usage a été de 916 tonnes, dont 409 tonnes en acier fondu et 507 tonnes en acier-Bessemer.

Réseau du Midi. — Les changements et croisements de voie sont signalés comme étant d'un excellent modèle et très-bien entretenus. On commence à faire usage sur une grande échelle d'aiguilles et de croisements en acier fondu.

On signale deux plaques tournantes employées à Bayonne, faisant partie d'un système en triangle sur des voies principales et munies d'un mécanisme ingénieux qui, après des révolutions de 45°, ramène les plaques de manière à éviter les accidents.

Les barrières tournantes en bois, adoptées primitivement pour les passages à niveau, laissent généralement beaucoup à désirer, les bois s'avariant rapidement. La compagnie a renoncé à ce système, qu'elle remplace successivement par des barrières en fer roulantes, très-légères, d'un maniement facile et d'une durée presque indéfinie.

Observations. — Pour les changements et croisements de voie dont l'usure est extrêmement rapide, soit à cause de la réduction de l'équarrissage des pièces, soit à cause des faibles largeurs sur lesquelles portent les roues, soit encore à cause des chocs fréquents au passage des trains sur ces appareils, l'acier s'est complétement substitué au fer, et cette substitution a commencé déjà quand l'acier coûtait encore 931 francs la tonne (1859).

La transmission de mouvement à distance a été appliquée, dès l'origine des chemins de fer en France, à la bifurcation d'Asnières. L'angle de croisement étant très-aigu, on avait substitué à la pointe fixe une aiguille mobile, conjuguée par renvoi de mouvement avec le changement de voie. Un seul levier manœuvrait l'ensemble.

On en a fait ensuite de nombreuses applications, surtout dans les grandes gares, pour reporter les leviers de manœuvres dans les zones libres de voies. Avec ces dispositions, les aiguilleurs doivent encore se déplacer pour leur service, mais ils n'ont plus à traverser les voies de circulation, ce qui est l'essentiel.

Les Anglais sont allés plus loin et ont supprimé complétement les aiguilleurs ambulants aux têtes de gare, en ramenant systématiquement à un poste unique, par des transmissions de mouvement plus développées, tous les appareils de manœuvre de changement de voie important, combinés avec les signaux d'après le système Vignier. Une application de ce système vient d'être faite à la gare de Moret, et comme il présente des avantages dans des cas spéciaux, on en fera certainement des applications plus fréquentes en France à mesure que la complication des voies augmentera.

Nous nous contentons de noter que la compagnie de l'Est substitue l'empierrement aux pavages pour les chaussées des passages à niveau.

L'emploi de barrières roulantes et en fer pour la fermeture des passages à niveau est plus général et gagne sur tous les réseaux. C'est le système le plus efficace, le moins gênant pour la manœuvre et le plus durable.

VIII. — SIGNAUX DE LA LIGNE.

Réseau du Nord. — Les signaux fixes consistent surtout en disques manœuvrés à distance pour couvrir les bifurcations dans les trois directions et les stations des deux côtés. Tous les disques qui ne sont pas visibles du point où on les manœuvre sont munis d'une sonnerie électrique qui accuse si le signal ferme la voie ou non. Cette sonnerie, dite *trembleuse*, se fait entendre tant que le signal ferme la voie et cesse dès qu'il l'ouvre. Le nombre total des disques établis est de 676, dont 412 avec sonnerie.

Sur les sections à une voie, de Soissons à Laon et d'Amiens à Tergnier, on a installé un système de sonnerie très-répandu en Allemagne. Des cloches à contre-poids avec déclanchement électrique placées dans les stations et sur divers points de la voie, notamment auprès des passages à niveau, sont mises en mouvement par la gare d'où le train part. Elles annoncent aux agents de la ligne, par des combinaisons diverses de battements, l'approche des trains, le sens de leur marche, et donnent au besoin tels autres avertissements utiles pour la régularité du service.

Les agents de la ligne, ainsi dûment avertis, indiquent

aux trains, au moyen de sémaphores placés auprès des sonneries, si la voie est libre ou non. Ces appareils donnent une grande sécurité pour la circulation sur une seule voie.

On cherche aussi à appliquer ces sonneries pour améliorer le service des passages à niveau, en réduisant ainsi le temps pendant lequel on est obligé de tenir les barrières fermées.

Six carillons de même genre manœuvrés par les agents de la voie sont établis sur divers points entre Paris et Saint-Denis, dans le but de prévenir immédiatement de tout encombrement qui viendrait à se produire sur l'une des voies principales.

On a achevé d'établir en 1868 des postes télégraphiques installés de 4 en 4 kilomètres environ dans les maisons de gardes, et au moyen desquels les trains en détresse peuvent correspondre avec les gares voisines. Des flèches tracées sur les poteaux télégraphiques indiquent la direction à suivre pour atteindre le poste le plus voisin, qui ne se trouve jamais à plus de 2 kilomètres. Il y a sur le réseau du Nord 219 postes de cette nature.

La correspondance télégraphique ordinaire se fait au moyen de 127 postes permanents et 69 facultatifs.

Le personnel télégraphique comprend, outre les agents de la ligne chargés des postes, deux inspecteurs et douze surveillants.

Réseau de l'Est. — La compagnie des chemins de fer de l'Est a adopté les signaux en usage sur presque tous les chemins de fer français.

De plus, les aiguilles prises en pointe sont pourvues de petits disques, mis en mouvement par leur levier même et qui indiquent leur position.

Tous ces signaux, sauf ceux des aiguilles, sont mis en action par la main de l'homme parce que l'on n'a pas voulu faire dépendre la sécurité des voyageurs du jeu incertain d'un appareil automatique. Il existe bien encore quelques disques fermés par le passage des trains ; mais c'est toujours la main de l'homme qui doit les ouvrir.

Sur les observations du contrôle, les règles relatives aux signaux ont été refondues et l'on a adopté le système en vigueur sur le réseau de Lyon. Les propositions à cet égard ont été approuvées par décision ministérielle du 13 juillet. L'innovation la plus saillante est relative à l'installation des poteaux dits de protection que les trains doivent avoir complétement dépassés pour que l'on puisse les considérer comme couverts par le disque-signal de la station tourné à l'arrêt. Dans ces conditions, qui offrent de précieuses garanties pour prévenir les collisions aux abords des gares, l'obligation absolue de l'arrêt n'existe plus qu'à la rencontre des disques spéciaux établis pour couvrir quelques points dangereux en deçà des disques avancés qui frappent d'abord la vue du mécanicien.

Par suite de l'établissement de poteaux dits de protection, il a fallu éloigner les disques avancés des gares à une distance de 1 200 à 1 500 mètres, de sorte que souvent on ne les aperçoit plus du quai des voyageurs. Pour remédier à cet inconvénient, la compagnie fait installer partout des sonneries électriques dites trembleuses qui ne fonctionnent que quand le disque correspondant est tourné à l'arrêt.

Une instruction générale du 28 février 1868 a prescrit de mélanger, pendant les grands froids, l'huile de colza avec 3 pour 100 d'huile de pétrole pour prévenir la congélation dans les lampes d'éclairage des signaux. Le service s'en est très-bien trouvé.

La section de Paris à Noisy-le-Sec, qui forme le tronc commun des lignes de Paris à Strasbourg et de Paris à Mulhouse, est sans contredit l'une des plus fréquentées du réseau français. On a dû, pour éviter l'encombrement des trains, y réduire à deux minutes l'intervalle compris entre ceux-ci ; mais grâce à la bonne installation du service des signaux, aux nombreux postes de surveillance et au fonctionnement régulier de l'appareil Tyer entre la Villette et Noisy, cette section est l'une de celles où l'on a le moins d'accidents à constater.

Des consignes locales déterminent les mesures spéciales de précaution à prendre pour assurer la sécurité de la circulation des trains dans les gares et aux bifurcations qui présentent des difficultés particulières. Ces consignes sont très-nombreuses. Chacune d'elles est accompagnée d'un plan indiquant la position des disques spéciaux et celle des aiguilles : le texte fixe le nombre des agents appelés à les manœuvrer et précise leurs devoirs.

Les dispositions générales des signaux que l'expérience a consacrées sont l'objet de règlements approuvés par l'administration et qui ont par cela même une sanction pénale.

Les consignes locales ou les dispositions nouvelles n'ont pas jusqu'à présent été soumises à l'approbation ministérielle, ce qui a permis à la compagnie de les modifier spontanément suivant les besoins. La compagnie communique toujours ces dispositions au contrôle, qui lui adresse ses observations s'il y a lieu.

Les infractions à ces ordres ne font encourir que des punitions disciplinaires, à moins qu'elles n'aient occasionné quelque accident qui rende l'article 19 de la loi du 15 juillet 1845 applicable. Cette sanction indirecte, jointe à la surveillance du chef de service et à celle du contrôle, suffit pour en assurer l'exécution.

Réseau de la Méditerranée. — Un bon système de signaux est, sur les lignes à grand trafic et à grande vitesse, une des conditions les plus essentielles de la sécurité. Cette organisation a, sur le réseau de la Méditerranée, la meilleure des sanctions : l'extrême rareté des accidents que les signaux ont pour but de prévenir.

Les sémaphores ont un rôle important dans ce système. Leur fonction spéciale est d'assurer l'espacement des trains; leur position fixe connue des mécaniciens, leur visibilité, la propriété qu'ils possèdent de donner trois avertissements : voie libre, ralentissement, arrêt, les rendent très-propres à cet usage. Ils se superposent d'ailleurs aux disques à distance en usage sur toutes les lignes françaises et dont la fonction est de couvrir les gares pendant les stationnements des trains ou pendant les manœuvres qui engagent les voies principales.

Un autre système emprunté à l'Angleterre, où il est fort répandu, l'appareil Tyer, est appliqué sur les portions du réseau les plus chargées de trains. Introduit il y a quelques années sur le tronc commun de Paris à Moret, il vient de l'être entre Mâcon et Valence.

Le principe consiste à échelonner sur la voie des postes de signaux correspondant électriquement deux à deux et à ne jamais laisser deux trains de même sens s'engager à la fois entre deux postes. Le premier poste d'un intervalle ne donne la voie libre à un train que quand il a la certitude matérielle que le train précédent a dépassé le second poste. Cette certitude est absolue, l'aiguille indicative de l'appareil d'un poste ne pouvant être ramenée sur les mots *Voie libre* que par le stationnaire du poste suivant. Les indications de l'appareil sont reproduites par les grands signaux qui s'adressent aux mécaniciens.

La compagnie a pris récemment une utile mesure en affectant les stationnaires des postes Tyer exclusivement à ce service. Aucun autre travail, aucune autre préoccupation ne peuvent donc distraire ces agents de leurs fonctions.

Diverses gares, compliquées elles-mêmes et formant, comme celles de Nîmes et de Courbessac, par exemple, un système unique, ont dû être l'objet de dispositions particulières. Plusieurs règlements fondés sur l'emploi des disques et des sémaphores ordinaires, ou de disques spéciaux dont la signification est accusée par leur couleur (jaune ou bleue), fixent d'une manière complète les règles à suivre pour la

circulation des trains et des machines en ces points singu-
liers. Étudiés avec beaucoup de soin, bien appropriés aux
conditions locales, ne laissant rien à l'imprévu, ces règlements préviennent de la part des agents toute hésitation
et toute erreur. Ils rendent des services très-réels. Cette
réglementation spéciale a été étendue en 1868 à la gare
d'Arles et à ses abords et aux gares citées tout à l'heure de
Nîmes et de Courbessac.

Réseau d'Orléans. — De nouveaux signaux manœuvrés
à la main, et destinés à maintenir entre les trains l'espacement réglementaire de 10 minutes, ont été installés dans
plusieurs gares et à divers postes d'aiguilleurs sur certaines sections et notamment sur les lignes de Bretagne.

On a placé, à 500 mètres en avant, des mâts de signaux,
des poteaux munis le jour de pavillons blancs et la nuit de
lanternes qui sont destinées à annoncer, en temps de brouil-
lard, aux mécaniciens l'approche des disques spéciaux.

Réseau du Midi. — Les disques ont reçu presque tous
l'application du système Robert, qui consiste essentiellement
en un appareil de compensation établi sur le fil de manœuvre
du disque et destiné à régler la tension de ce fil. Avec ces
dispositions, les disques fonctionnent très-bien sur le réseau
du Midi, où les variations de température ont une grande
étendue.

Sur les lignes à voie unique, la compagnie a établi un
système ingénieux de conjugaison des disques qui ne permet jamais l'entrée dans une station que d'un seul côté.

Partout où les disques ne sont pas visibles des stations,
on a installé des sonneries électriques qui annoncent si le
disque est fermé.

Observations. — Trois indications données par les rapports
méritent plus particulièrement l'attention.

1° Celle relative à l'établissement de sonneries annonçant
les trains. Ces sonneries ont été placées sur une ligne à
voie unique. Elles pourront, appliquées partiellement, ser-

vir, sur les lignes à grand trafic, à régler la manœuvre des barrières des passages à niveau très-fréquentés.

2° L'emploi de l'appareil Tyer, déjà fait sur une assez grande étendue au réseau de la Méditerranée, sert sur la ligne de l'Est entre Paris et Noisy-le-Sec et permet de faire circuler, en toute sûreté, des trains se suivant à deux minutes d'intervalle.

Cette réduction possible des intervalles, qui permet une multiplication plus grande des trains, montre le parti qu'on peut tirer des signaux pour augmenter la puissance d'exploitation d'une ligne.

3° L'application avec succès à la ligne du Midi, soumise à de très-grands écarts de température, du régulateur Robert pour la tension des fils de manœuvre des disques. Cet appareil a été appliqué d'abord à la ligne du Nord, où M. Robert était chef de section de l'entretien et de la surveillance, et il a rendu partout de bons services.

IX. — RÈGLEMENTS DE SERVICE.

En général, les règlements de service sont déjà anciens et bien connus. Cependant quelques dispositions sont récentes, et celles-là sont mentionnées aux rapports.

Réseau de l'Est. — La réglementation ancienne des passages à niveau manquait d'uniformité et a été remplacée par un règlement général du 31 août 1867, basé sur le degré d'importance de la circulation ou de la fréquentation des chemins de fer et des routes de terre traversées.

Les passages sont partagés en trois catégories. Ceux des routes les plus fréquentées forment la première. Viennent ensuite la deuxième et la troisième catégorie dans l'ordre décroissant de la fréquentation.

Dans les lignes à grande circulation, les barrières ne sont habituellement ouvertes que pour la première catégorie. On les ferme à l'approche des trains. Les deux autres catégories sont au contraire habituellement fermées, et on ne les ouvre qu'en cas de besoin, si aucun train n'est attendu.

Sur les lignes à moyenne et à faible circulation surtout, on laisse ouvertes les barrières de deuxième et de troisième catégorie autant que les besoins de la circulation l'exigent et que la marche des trains le permet.

Sur toutes les lignes, les portillons pour piétons, soit isolés, soit accolés à des barrières de passage à niveau ordinaire, peuvent toujours être manœuvrés par les passants sous leur responsabilité.

Le règlement admet d'ailleurs la faculté de manœuvrer à distance certaines barrières peu fréquentées, ce qui permet de multiplier les passages à niveau dans l'intérêt de l'agriculture.

Depuis l'approbation du nouveau règlement, le nombre des réclamations est devenu très-restreint.

Réseau de la Méditerranée.—Il est souvent impossible d'éviter les passages à niveau et, à la traversée par les voies ferrées à grand trafic des routes importantes, il est parfois difficile de concilier les exigences de la double circulation. La route doit en général céder le pas au chemin de fer, mais on peut admettre que les mouvements de gare et les stationnements prolongés des trains de marchandises apportent trop d'entraves à la circulation transversale. Un arrêté du préfet fixe, lorsque cela est nécessaire, la durée maximum de la fermeture continue des barrières. Ce délai expiré, le chef de gare doit faire couper le train au droit du passage à niveau et rétablir ainsi la circulation sur la route. Cette mesure rigoureusement exécutée concilie tout.

Un train franchissant un passage à niveau doit toujours trouver les barrières fermées. Mais elles peuvent être ou tenues fermées constamment et ouvertes à la demande de la circulation transversale, ou tenues constamment ouvertes et fermées avant le passage des trains.

Dans l'origine, toutes les barrières étaient maintenues fermées et on ne les ouvrait qu'à la demande des passants, lorsqu'aucun train n'était annoncé en vue ou attendu. Mais l'expérience a prouvé que cette règle était trop absolue. Il faut en pareille matière un régime élastique, qui tienne compte de l'extrême diversité des conditions locales. Si les trains sont rares et la route très-fréquentée, il est clair que l'ouverture habituelle est dans la nature des choses.

Le service des barrières du réseau de la Méditerranée est régi par un règlement approuvé le 31 décembre 1866. Ce règlement n'a pas fait une part aussi large que d'autres à l'ouverture permanente des barrières. Il n'admet cette situation que pendant le jour seulement et pour les passages de la première catégorie sur toutes les lignes et pour ceux de la deuxième sur les lignes à moyenne ou à faible circulation des trains. Ce règlement part de ce principe que chaque passage est pourvu d'une maison de garde. Il prévoit, du reste, l'application des barrières manœuvrées à distance.

Conçu principalement au point de vue des lignes à grand trafic et à trains de grande vitesse, ce règlement aurait pu peut-être tenir compte un peu plus largement des conditions moins impérieuses que présentent les lignes secondaires. Mais en somme, tel qu'il est, il donne à la sécurité toutes les garanties désirables, et la rareté des plaintes prouve qu'il n'apporte aucun trouble sérieux dans la circulation sur les voies transversales.

Le rapport signale les dispositions d'un règlement approuvé le 7 décembre 1868 sur les moyens à employer pour prévenir les accidents en cas d'interruption de la voie.

Le chef d'une brigade de cantonniers ne doit couper la voie qu'après avoir fait couvrir à la distance réglementaire le point dangereux ou qui va devenir tel.

Si le signal fait à cette distance est visible pour le spectateur placé au point à attaquer par l'enlèvement d'un rail par exemple, nulle difficulté. Mais s'il n'en est pas ainsi, on ne peut avoir qu'une probabilité d'être couvert, par l'appréciation du temps écoulé depuis le départ de l'agent envoyé pour faire le signal. Pour plus de garantie, le nouveau règlement détache deux hommes, l'un porteur du signal et l'autre qui doit revenir vers la brigade après s'être assuré que le signal a été fait à la distance voulue.

Cette disposition, dit M. Couche, ne soulève qu'une critique, celle du temps perdu par l'équique à attendre le retour, alors qu'il s'agit le plus souvent d'un travail urgent et que les minutes ont une valeur réelle; mais cet inconvénient n'a pas paru assez grave pour renoncer au surcroît de garantie que donne l'homme de retour.

Réseau de l'Ouest. — Le service et la classification des passages à niveau ont été réglés par arrêté ministériel du 8 novembre 1868.

Le rapport n'analyse pas ce règlement et n'insiste que sur un point : c'est le principe de la libre traversée du chemin de fer par les piétons. Le danger qui en résulte n'est pas plus grand que celui de la traversée d'une rue fréquentée par de nombreuses voitures. Malheureusement, les accidents constatés dans ces rues, comme sur les traversées des chemins de fer, montrent qu'il ne faut guère compter sur la prudence du public.

Observations. — Presque tous les rapports s'occupent des règlements du service des barrières, approuvés récemment par l'administration. Leurs dispositions ne paraissent pas différer sensiblement d'un réseau à l'autre, quoiqu'elles soient de dates différentes. En tout cas, les règlements cités ont donné ce double résultat essentiel qu'il n'y a eu ni *accident* ni *plainte* de quelque importance.

Les plaintes naissent surtout de l'obstacle qu'apporte à la circulation des routes le stationnement des trains sur les passages à niveau contigus aux gares. Il faut, partout où il s'agit d'une route importante, que le stationnement soit bien réglé par arrêté des préfets et qu'on veille rigoureusement à ce que le délai pendant lequel le passage peut être intercepté ne soit jamais dépassé au détriment de la circulation sur la route.

L'emploi d'un homme de retour pour donner la certitude à une équipe qui doit démonter la voie que le signal a été fait à distance voulue, dans le cas où ce signal ne peut être aperçu par l'équipe, donne évidemment toute sûreté, mais pas sans inconvénients. Ces inconvénients seront réduits au minimum en veillant à ce que l'homme qui accompagne ne s'éloigne de l'équipe que dans la mesure indispensable qu'impose le tracé de la ligne.

X. — Personnel de l'entretien et de la surveillance.

Réseau du Nord. — Le réseau du Nord en exploitation est aujourd'hui de 1 477 kilomètres, dont 137 à une voie; en comprenant dans ces chiffres la totalité de la ligne d'Amiens à Rouen, qui n'appartient à la compagnie du Nord que pour deux tiers.

Indépendamment des ingénieurs, conducteurs et piqueurs qui dirigent et surveillent le travail, le service d'entretien comprend un personnel de 1.885 chefs cantonniers et cantonniers permanents. Ils sont divisés en brigades de quatre à six hommes, chargées chacune d'une longueur de 4 à 5 kilomètres. On ajoute à ce personnel un nombre d'auxiliaires réglé d'après les besoins du moment. Les cantonniers font tout le service d'entretien de la voie et de la plate-forme, des fossés et clôtures. Ils concourent aussi aux travaux de réfection qui s'exécutent ainsi dans les meilleures conditions de sûreté.

Il faut ajouter à ce personnel 31 surveillants de nuit 83 aiguilleurs de bifurcation et 782 gardes-barrières, don 89 hommes et 693 femmes.

La durée du travail effectif des cantonniers est de huit

dix ou douze heures par jour, suivant la saison ; chaque homme a droit à un jour de congé par mois.

Les aiguilleurs des bifurcations font huit heures de service par jour. Ils alternent pour les heures de service tous les huit jours. A chaque changement, l'un d'eux se repose pendant vingt-quatre heures et les deux autres font chacun douze heures de travail.

Les aiguilles des gares sont manœuvrées par 514 aiguilleurs, dont le service journalier est de douze heures. Ces agents alternent pour le service de nuit de semaine en semaine, et des auxiliaires interviennent aux changements de service pour maintenir la durée du service par jour à douze heures au plus.

Réseau de l'Est. — Le réseau de l'Est comprend, en France, 2721 kilomètres, dont 1253 à une voie.

Il est partagé en sept divisions d'ingénieurs principaux. Chaque division forme six ou sept sections et chaque section trois ou quatre subdivisions de piqueurs qui ont chacun de seize à vingt équipes de cantonniers.

Chaque équipe est composée d'un chef et de quatre ou cinq poseurs, dont un quart environ assermentés. Le personnel des équipes s'élève à 5317 ouvriers. Elles font le service de surveillance, outre l'entretien de la voie, des fossés et des clôtures. Ainsi, le chef d'équipe ne se borne pas à diriger les travaux ; il fait ou fait faire par un de ses hommes, les tournées nécessaires pour vérifier l'état de la voie et donner la sécurité aux trains. Ces tournées, confiées à des ouvriers exercés, donnent des résultats plus utiles que celles de simples gardes-lignes ; aussi n'a-t-on conservé finalement que les postes de gardes nécessaires pour surveiller certains points qui exigent une attention en quelque sorte continue, comme les tunnels en ligne droite de plus de 1000 mètres de longueur, les tunnels courbes, etc.

Un ou deux chefs poseurs sont attachés à chaque division et sont chargés spécialement de diriger les travaux de réfection, des remaniements de voies ou des appareils de gares.

Les barrières sont gardées en général par les femmes des cantonniers. Les passages très-fréquentés sont confiés à des gardes spéciaux toujours présents à leur poste et dispensés de tournées. Dans un canton, il y a 1277 femmes gardes-barrières et 416 hommes gardes sédentaires pour les barrières, les tunnels. etc. 83 barrières voisines des gares sont gardées par des agents de l'exploitation.

Les aiguilleurs des bifurcations éloignées des gares sont au nombre de 48. Il y en a deux par bifurcation, faisant douze heures de service par jour; chacun d'eux alternativement fait pendant une semaine le service de nuit. Tous les huit jours un aiguilleur supplémentaire vient relever celui qui passe du service de nuit au service de jour, de manière qu'à chaque changement de service, l'aiguilleur titulaire qui faisait le service de nuit a vingt-quatre heures de repos.

Les aiguilles des gares ou des bifurcations voisines sont faites par les agents de l'exploitation.

Réseau de la Méditerranée. — L'étendue du réseau de Paris à Lyon et à la Méditerranée est de 4051 kilomètres, dont 1910 à une voie.

A l'entretien de la voie est affecté un personnel de poseurs, divisés en équipes, qui se déplacent et auxquelles sont adjoints au besoin des ouvriers auxiliaires. Ces équipes, quand les travaux par elles exécutés peuvent compromettre la marche des trains, sont responsables des mesures à prendre pour prévenir tout accident.

La surveillance de la voie est confiée de jour à des gardes-lignes; les gardes-barrières hommes y concourent dans une certaine mesure. La plupart des barrières des passages à niveau sont manœuvrées par des femmes.

La suppression des gardes de nuit a été approuvée en principe par l'administration et sera sous peu appliquée à tout le réseau, sauf dans les points dangereux.

Cette mesure est ainsi justifiée :

« Une longue expérience prouve que, en ce qui concerne
« l'état de la voie proprement dite, la surveillance des
« gardes de nuit est presque toujours illusoire, et que cette
« organisation n'aboutit guère qu'à de fréquents accidents
« dont ces agents sont victimes. Distraits ou surpris par
« le sommeil, ils sont atteints par les trains. — Un garde
« de nuit ne s'aperçoit presque jamais d'un dérangement
« peu saillant, tel qu'une rupture de rail. »

Cette suppression laisse d'ailleurs subsister le personnel
nécessaire pour assurer pendant la nuit, comme pendant le
jour, le résultat capital, c'est-à-dire l'espacement des trains.
(Voir *Signaux*.)

Une circulaire ministérielle du 5 mai 1861 a invité les
compagnies à régler le service des aiguilleurs de telle sorte
que la durée du service continu de ces agents ne dépassât
pas douze heures, même lors de la transition du service de
jour au service de nuit et *vice versa*. La compagnie de la
Méditerranée a déféré à cette invitation en ce qui concerne
les aiguilleurs proprement dits, c'est-à-dire les agents spécialement chargés de la manœuvre des aiguilles de bifurcation et des voies principales dans les grandes gares. Mais
elle a demandé en même temps que la règle établie par la
circulaire précitée ne fût pas appliquée d'une manière
absolue aux agents divers : facteurs, hommes d'équipe,
gardes, etc., qui peuvent avoir, accidentellement, à manœuvrer quelques aiguilles sur les points où la rareté de
ces manœuvres ne saurait motiver la présence d'aiguilleurs
spéciaux. Cette distinction a été acceptée par décision du
20 juin 1868.

Le rapport justifie ainsi l'organisation de tout le personnel :

« Le public est souvent tenté d'imputer aux compagnies
« une tendance excessive à économiser le personnel et
« d'attribuer à cette cause une part considérable dans les
« accidents.

« Ce reproche n'est pas fondé. On serait moins disposé
« à l'articuler si l'on se rendait un compte plus exact de l'or-
« ganisation des grandes compagnies de chemin de fer.
« Elles se rapprochent beaucoup plus d'une administration
« publique que d'une entreprise privée. Les administra-
« teurs et les directeurs ont *personnellement* un grand inté-
« rêt à éviter les accidents, tandis qu'ils n'ont qu'un inté-
« rêt personnel très-faible, très-indirect et tout au plus
« comme actionnaires, pour une part insignifiante de l'é-
« norme capital engagé, à réduire les dépenses. Ceux
« mêmes (et leur nombre est extrêmement petit) qui sont
« propriétaires du chemin pour une part importante, savent
« parfaitement, sans parler de leur responsabilité, que leur
« propriété serait atteinte plus gravement par des accidents
« dus à une insuffisance de personnel que par une légère
« surélévation des dépenses qui couvre l'une et peut éviter
« les autres. On peut affirmer que si l'État, qui a exploité
« autrefois une partie des lignes de Lyon et de l'Ouest, ex-
« ploitait aujourd'hui les grands réseaux, il suivrait exac-
« tement les errements des compagnies et n'augmenterait
« pas son personnel. »

Réseau d'Orléans.— Le réseau d'Orléans a une longueur
de 3 697 kilomètres dont 2 476 à simple voie. Le nombre
moyen des agents attachés en 1868 à l'entretien et à la surveillance de la voie, non compris les ouvriers temporaires,
s'est élevé à six mille neuf cent six, soit deux hommes à peu
près par kilomètre. Dans cette catégorie de personnel sont
rangés, sous les ordres des ingénieurs et des inspecteurs de
la voie, les chefs de section et les chefs de district, les gardes-
lignes et les gardes-barrières, les poseurs et enfin les aiguilleurs dont les postes sont établis en dehors des gares.
Les autres aiguilleurs ayant leur service dans les gares et
leurs dépendances, tout en pouvant être chargés d'une section de surveillance, sont rattachés au service du mouvement.

Réseau de l'Ouest. — La longueur totale exploitée au 31 décembre 1868 est de 2218 kilomètres dont 1065 à simple voie.

Le personnel attaché au service d'entretien et de la surveillance est de six mille huit cent quatre-vingt-seize agents ou ouvriers.

Réseau du Midi. — Le réseau exploité en 1868 était de 1727 kilomètres au 31 décembre dont 1166 à simple voie.

Sur les lignes à double voie, le personnel des cantonniers commissionnés varie entre 1 et 1.10 par kilomètre. Sur les lignes à simple voie et sur les embranchements, il reste compris entre 0.72 et 0.88 (soit en moyenne 0.80).

Ces rapports sont calculés d'après la longueur réelle des voies principales de circulation, sans tenir compte des voies de garage et de service qui augmentent notablement la circonscription de chaque cantonnier. Le personnel est chargé aussi de l'entretien du matériel fixe, des clôtures sèches, des haies vives, du curage des fossés, de la viabilité des cours et chemins d'accès; il est fixe et occupé toute l'année, mais il ne suffirait pas à sa tâche si l'on n'adjoignait, en temps opportun, à ces équipes des ouvriers auxiliaires.

Au-dessus de ces équipes, la compagnie a placé des chefs de section, des conducteurs et des employés secondaires en nombre convenable.

Le service des aiguilles emploie quatre cent soixante-dix-sept agents dont trois chefs aiguilleurs, cent quatre-vingts aiguilleurs proprement dits et deux cent quatre-vingt-quatorze hommes d'équipe aiguilleurs. La durée du service journalier est de douze heures par jour pour les aiguilleurs et de quinze heures pour les hommes d'équipe aiguilleurs.

Observations. — Les règles du service ne diffèrent d'un réseau à l'autre que par des détails.

Pour l'entretien, le personnel fixe est réduit au minimum. On lui adjoint, à mesure des besoins, les auxiliaires nécessaires.

La surveillance ambulante est faite par des gardes ou des cantonniers. Ce service a été supprimé pendant la nuit sur le réseau de la Méditerranée ; il ne semble pas qu'il l'ait encore été sur les autres réseaux. Mais sur toutes les lignes, la surveillance de nuit, quelle que soit son organisation, est suffisante pour assurer l'espacement des trains.

Les barrières sont en général desservies par des femmes (les femmes des ouvriers de la ligne).

Les aiguilleurs appartiennent soit à la ligne, soit aux stations. Pour les véritables aiguilleurs, la durée du travail journalier est réduite à huit heures sur le Nord, et ailleurs elle ne dépasse pas la limite de douze heures fixée par l'administration.

Les chiffres par lesquels est définie l'importance du personnel des divers réseaux présentent, eu égard à l'étendue des lignes, des différences qui semblent indiquer que ces chiffres n'ont pas été tous calculés sur les mêmes bases. Il ne faut donc s'arrêter qu'au résultat, et tous les rapports s'accordent à reconnaître qu'il est satisfaisant.

Les administrations des compagnies ont à se préoccuper de deux choses surtout : la sûreté de l'exploitation et les intérêts des actionnaires, et comme les accidents coûtent plus que ne rapporteraient des économies de personnel mal entendues, la double préoccupation des compagnies a pour résultat une organisation répondant à tous les besoins.

XI. — RETARDS ET ACCIDENTS AU POINT DE VUE DU SERVICE DU PERSONNEL DE LA LIGNE.

Les extraits de rapports, en ce qui concerne les retards et accidents, ne sont présentés ici que pour y chercher dans la mesure du possible des éléments d'appréciation du service du personnel de la ligne.

Réseau du Nord. — Les retards qui ont affecté le service des voyageurs ont été de deux mille quatre-vingt-treize pour cent trente-sept mille quatre-vingt-cinq trains, soit 1.5 p. 100 du nombre des trains; trois cent trente et un retards ont été supérieurs à une heure.

Les retards dus à des négligences d'agents sont peu nombreux et ont donné lieu à des punitions disciplinaires ou à des poursuites judiciaires. On fait tout ce qu'il est possible de faire pour en diminuer le nombre.

Il y a eu, en 1868, 77 tués et 582 blessés. Les accidents imputables à des négligences des agents de la compagnie sont de 12 pour 100 en ce qui concerne les accidents d'agents et de 27 pour 100 en ce qui concerne les personnes étrangères au chemin de fer. Dans aucun cas, du reste, la responsabilité n'a paru devoir remonter aux chefs de service ou à la compagnie elle-même. Il s'agit toujours de précautions oubliées, de prescriptions réglementaires non exécutées. C'est aussi à des causes semblables que doivent être attribuées les blessures des agents qui ont été victimes de leur propre imprudence.

Le service du contrôle a porté à la connaissance des procureurs impériaux tous les accidents survenus. Ceux qui ont donné lieu à des procès-verbaux ont été l'objet d'avis motivés. Le contrôle a dû, en outre, dans quelques cas, adresser à la compagnie des observations auxquelles il a toujours été donné une suite convenable.

Réseau de l'Est. — Les retards des trains de voyageurs ont été de 1.85 pour 100 (2.96 en 1867); le rapport n'indique pas précisément la part des négligences; mais il signale que 536 réclamations ont été inscrites au registre, que 65 seulement ont été reconnues fondées et qu'aucune ne se rapporte au service de la voie.

Il y a eu 283 contraventions poursuivies, dont 185 ont donné lieu à des condamnations. 26 sont imputables à des agents de la compagnie et ont donné lieu à 19 condamnations. Dans les 26, 7 condamnations se rapportent au règlement sur les signaux.

Il y a eu, en 1868, 471 accidents de toute nature, dont 108 dus à des négligences d'agents.

Les accidents qui ont atteint les personnes donnent pour résultat 58 tués dont 14 voyageurs, et 170 blessés dont 44 voyageurs.

La mort de 11 voyageurs et les blessures de 32 sont dues à leur propre imprudence.

Les agents de l'exploitation sont souvent exposés au danger, et l'on comprend que le moindre oubli, la moindre inattention puissent devenir mortels : ainsi, sur les 24 agents tués en 1868, on en compte 14 qui ont été écrasés par des trains en marche, les uns en se précipitant à moitié endormis pour faire les signaux réglementaires, et d'autres en ne portant leur attention que sur un seul train au moment d'un croisement. Les 10 autres ont été tués dans des manœuvres de gares, ou en travaillant à la manutention des colis.

Réseau de la Méditerranée. — Le réseau de la Méditerranée se trouve dans des conditions difficiles de régularité à cause de la multiplicité de ses lignes, de ses nombreuses soudures avec les chemins de fer français et étrangers, de la longueur du parcours des trains. Un train ne pouvant jamais partir avant l'heure réglementaire, l'écart dans la marche par rapport aux itinéraires ne peut jamais être que dans le sens du retard. Un retard de 30 à 40 minutes entre Paris et Nice est moins considérable qu'un retard de 10 minutes de Paris au Havre.

Pour résumer par un seul chiffre le degré de régularité du service pendant l'année 1868, le rapport constate que la gare de Paris a reçu 9481 trains de voyageurs réguliers. Le nombre total des retards a été de 586 (soit 6 pour 100 environ) et la somme des retards a été de 533 heures 30 minutes, soit en moyenne de 54 minutes par train retardé et de 3 minutes 5 secondes par train sur l'ensemble.

Pour les trains express dont les parcours sont les plus

longs et la vitesse la plus grande, sur 1 786 trains entrés à Paris, il y en a eu 16 pour 100 en retard de 59 minutes chacun, soit un retard de 9 minutes et demie sur l'ensemble.

Ces résultats ne sont obtenus qu'au prix d'efforts persévérants souvent méconnus par le public.

Le rapport présente une analyse très-intéressante des causes diverses de ces retards et indique des mesures dont on a commencé l'application pour en réduire le nombre et l'importance. En général, les négligences des agents y entrent pour très-peu. On signale seulement que dans les gares, sauf celles où les voyageurs prennent leur repas, le personnel pourrait expédier un peu plus rapidement les trains en retard.

A la suite de l'enquête de 1862, les compagnies furent conduites à forcer la vitesse de marche et à réduire la durée des stationnements et des battements (*). Mais il fut bientôt reconnu qu'il fallait revenir en arrière et modérer la vitesse pour assurer la régularité.

« Rien n'indispose plus le public que ces fluctuations. Il « n'admet guère l'expérimentation en pareille matière, et « ce qui lui a été une fois accordé est pour lui un droit « acquis. La possibilité n'est point chose absolue; ce qui « n'est pas possible aujourd'hui peut l'être demain, dans « un an... Il importe donc d'exiger des compagnies ce qui « est actuellement et certainement praticable, mais il faut « se garder d'aller plus loin. »

Le nombre des voyageurs atteints par des accidents en 1868 est de 11, dont 2 ont péri, mais tous les deux par suite de leur imprudence.

Si le personnel actif a payé encore un triste tribut aux

(*) On appelle « battement » l'intervalle de temps qu'on ménage entre l'heure réglementaire d'arrivée d'un train dans une gare et l'heure de départ d'un autre train qui fait suite au premier sur une autre ligne. Le battement tend à assurer la correspondance.

(*Note du secrétaire de la commission des* Annales.)

dangers inhérents à sa profession et trop souvent aggravés par son imprudence, les voyageurs ont joui d'une immunité presque complète. La sécurité des voyageurs est le but vers lequel il faut tendre avant tout, et il est satisfaisant de constater que ce but a été presque complétement atteint pendant l'année 1868.

Le rapport signale quelques erreurs d'aiguilleurs. Ces oublis n'ont eu « aucune conséquence fâcheuse, et l'on ne « saurait attribuer à un excès de fatigue quelques fautes « inséparables de la nature humaine. La répression, soit « disciplinaire, soit judiciaire de ces fautes fait toujours à « ces considérations une part indulgente. La crainte d'une « répression modérée est salutaire, elle tient en éveil. Mais « la crainte d'un châtiment trop sévère entretient l'esprit « dans un état de tension et de préoccupation excessives et « constitue par cela même un danger. »

Réseau d'Orléans. — Le rapport sur le réseau d'Orléans ne constate, pour les trains de voyageurs, que les retards d'une demi-heure ou plus. Ils ont été de 0.23 p. 100 seulement pour les trains express et de 0.66 p. 100 pour les diverses natures de trains. En 1867, le chiffre pour l'ensemble avait été de 0.77.

Il n'y a pas eu, en 1868, de voyageur tué. 8 ont été blessés par suite d'accidents de trains, dont 2 seulement sont le résultat de fautes commises. Il y a eu, en outre; 15 agents et 8 personnes étrangères au chemin de fer blessés, mais ces accidents sont dus presque tous à des imprudences des victimes.

A considérer les accidents d'exploitation sans atteinte pour les personnes, le rapport signale en outre 12 avaries de la voie, 10 voitures ou bestiaux rencontrés par les trains et 60 fausses manœuvres de gares (aiguillage et signaux mal compris, etc.).

Réseau de l'Ouest. — Les retards de plus de 15 minutes pour les trains de voyageurs ont été d'un peu moins de 1 p. 100 pour les express, de 0.50 p. 100 environ pour les trains omnibus et de 0.80 p. 100 pour les trains mixtes. Le service a donc été fait, sous ce rapport, dans des conditions convenables; le contrôle a demandé cependant des améliorations sur les embranchements.

Il y a eu, en 1868, 1,111 accidents, en comptant non-seulement ceux suivis de mort, blessures ou contusions (356), mais encore tous les accidents de trains, avaries de matériel et autres, qui n'ont pas eu de conséquences fâcheuses pour les personnes (755).

Les accidents qui ont fait des victimes ont coûté la vie à 45 personnes et en ont blessé 323, savoir : 5 voyageurs tués et 61 blessés, 24 agents de la compagnie tués et 258 blessés, 16 personnes étrangères à la compagnie tuées et 3 blessées.

Presque tous les accidents de personnes sont dus à leur propre imprudence. Ce qui le prouve, c'est que les 218 procès-verbaux transmis aux procureurs impériaux n'ont donné lieu qu'à 57 condamnations.

9 voyageurs ont été blessés par des collisions de trains et 3 par des pierres lancées.

Parmi les 755 accidents qui n'ont pas atteint les personnes, on compte 141 déraillements dans des manœuvres de gares et 10 en marche; 86 collisions en gare et 3 en marche; 59 incendies, dont 48 d'herbes des talus; 21 animaux tués sur la voie.

Les accidents que nous venons d'énumérer supposent, une partie du moins, des fautes de service. Mais aucun accident de train en pleine marche n'a pu être imputé au mauvais état de la voie.

A l'égard des animaux tués, le rapport fait remarquer que quelque soin qu'on apporte à l'entretien des clôtures, on n'arrivera pas à les mettre en état de résister aux atteintes des bestiaux laissés en liberté dans les prairies qui bordent les chemins de fer, et comme les propriétaires trouvent onéreuse l'obligation de les garder à vue, les introductions de chevaux et de bestiaux sur la voie sont fréquentes.

« Leur rencontre par les trains n'a pas, très-heureuse-
« ment, occasionné d'accidents autres que des avaries de
« matériel ; mais il n'en est pas moins important, dans
« l'intérêt de la sécurité du service, de les prévenir autant
« que possible. Des procès-verbaux de contravention sont
« donc dressés soit par les commissaires de surveillance
« administrative, soit par des agents assermentés de la voie
« contre les propriétaires de tous les animaux trouvés dans
« l'enceinte du chemin de fer. Mais ces procès-verbaux
« restent trop souvent sans effet, la jurisprudence des con-
« seils de préfecture n'étant pas encore parfaitement fixée
« sur la suite dont ils sont susceptibles. »

M. Duparc a dû proposer à l'administration supérieure
de déférer au conseil d'État plusieurs de ces arrêtés (rétablissement de treillage, sans amende, pas de condamnation, sous prétexte de résistance insuffisante de la clôture).

« Il ne faut pas oublier, dit M. Duparc, que les nou-
« veaux chemins de fer pourront ne pas être bordés de
« clôtures et que dans cette situation on ne saurait les
« soustraire à l'invasion des bestiaux qu'en posant en prin-
« cipe que le seul fait de la présence d'un cheval ou d'un
« bœuf sur la voie de fer constitue une contravention à la
« charge de son propriétaire. »

Réseau du Midi. — Les retards des trains à leur arrivée
à destination ont été assez considérables du mois de juin au
mois d'octobre ; ils se sont élevés à 5o p. 1oo du nombre
des trains en circulation. Ces retards ont eu pour cause
principale l'affluence des voyageurs et l'attente des trains
des lignes étrangères. Ils ne sont imputables que pour une
faible part au personnel et à l'organisation de la compagnie
du Midi.

Il y a eu 262 accidents en 1868, dont 75 dus à la négligence des agents de la compagnie. 138 n'ont affecté aucun
train.

Ces accidents ont occasionné la mort de 19 personnes et

166 blessures, ainsi réparties : 1 voyageur tué, 72 blessés; 18 agents et autres tués, 94 blessés.

On doit mettre au compte des négligences des agents de la compagnie le voyageur tué et 71 blessés. Les blessures ont été, en général, sans gravité.

Sur les 262 accidents, 5 sont dus à des éboulements, 9 aux neiges, aux brouillards et aux inondations, aucun n'a eu pour cause le mauvais état de la voie.

Les règlements relatifs au personnel de la voie sont en général observés avec une grande ponctualité, et les agents aux divers degrés de la hiérarchie paraissent bien disciplinés.

La compagnie, de son côté, est animée pour eux d'une grande bienveillance. « Elle a créé pour les agents et ou-« vriers de la voie, comme pour ceux des autres services, « plusieurs institutions de la plus haute moralité, qui pré-« sentent le double avantage de développer en eux le sen-« timent de la famille et de les attacher davantage à la « compagnie qui les emploie. »

Observations. — Les rapports ne font pas tous ressortir l'influence des agents des compagnies sur les retards et ac-cidents, ni les plaintes auxquelles leur service a donné lieu de la part du public.

Tout cependant fait supposer qu'il n'y a pas beaucoup de reproches à faire au personnel de la ligne quant aux retards. De fausses manœuvres d'aiguilles, des signaux mal faits ont occasionné quelques accidents, mais aucun ne pa-raît devoir être imputé au mauvais état de la voie.

Les agents des compagnies ont été, en général, les pre-mières victimes de leurs fautes et de leur imprudence, et les voyageurs n'ont été frappés que dans une mesure heu-reusement très-faible; le tableau suivant, dans lequel on n'a relevé que les tués, le montre clairement.

RÉSEAUX.	NOMBRE de voyageurs transportés.	Parcours moyen par voyageur.	NOMBRE de tués.		OBSERVATIONS.
			Voyageurs.	Agents.	
Nord.	14 375 723	37	4	50	
Est.	21 189 505	31	14 (a)	24	(a) La mort de 11 voyageurs est due à leur propre imprudence.
Méditerranée. .	18 422 490	58	2 (b)	15	(b) Leur mort est due à leur propre imprudence.
Orléans.	10 612 000	56	0	15	
Ouest.	26 877 985	26	5	24	Presque tous ces accidents par imprudence
Midi.	5 817 300	30	1	18	

- Les appréciations des rapports ne sont pas toutes ramenées à une commune mesure. Cela est sensible surtout pour les retards des trains. Il faut reconnaître d'ailleurs qu'il n'est pas facile de comparer les résultats, surtout en raison des différences dans la longueur des parcours, qui est un des facteurs les plus influents. En groupant les trains et les retards par catégorie de longueur de parcours et par nature de train, on pourrait sans doute arriver à une appréciation plus exacte. Elle ne le serait cependant pas absolument, parce que, aux jonctions, les trains de long parcours réagissent sur ceux de parcours moindre. Nonobstant, il sera certainement possible de poser des règles utiles, ne serait-ce qu'en fixant exactement le point de départ des retards à compter.

Les réflexions qu'a suggérées à l'un de MM. les inspecteurs généraux du contrôle la rencontre d'animaux par les trains tendent à montrer que les dispenses pour la pose des clôtures ne doivent être données qu'avec mesure, et que l'économie qu'on pourra réaliser sur cet article de la construction ne sera peut-être pas aussi considérable qu'on l'avait supposé en rédigeant la loi du 12 juillet 1865.

XII. — Questions de matériel roulant et de mouvement qui peuvent influer sur la construction.

Réseau du Nord. — *Locomotives.* — La compagnie possédait, à la fin de 1868, 752 locomotives qui se subdivisent de la manière suivante :

285 machines à voyageurs, dont 130 à roues indépendantes et 155 à 4 roues couplées.

402 machines à marchandises, dont 233 à 6 roues couplées, 149 à 8 roues et 20 à roues couplées en deux groupes.

65 machines de gares.

134 machines ont été munies, en 1868, d'un frein spécial, à la main du mécanicien, permettant de profiter pour l'arrêt de leur poids total. Le nombre des machines sur lesquelles ce frein est installé maintenant est de 376, 218 machines à voyageurs et 151 à marchandises.

On a commencé aussi l'application du système à vis pour l'emploi de la contre-vapeur. Jusqu'à présent 144 machines seulement ont été pourvues de cet appareil, savoir : 3 machines à voyageurs et 91 à marchandises.

On n'a pas continué les essais faits avec l'appareil à air comprimé de M. Bergue.

Véhicules. — La proportion des wagons à freins est de 43 p. 100 sur les voitures à voyageurs, 16 p. 100 sur les wagons à marchandises et 19 p. 100 sur l'ensemble.

On a ajouté des ressorts Lapeyrie aux freins des voitures à voyageurs.

Les fourgons lestés qui suivent immédiatement les machines sont tous munis d'un frein à contre-poids et à déclanchement qui peut être mis en action de la plate-forme même de la machine à l'aide d'une corde ; c'est un supplément de 12 à 13 tonnes placé à la disposition du mécanicien et qui, joint aux freins de la machine et du tender, lui assure des moyens très-puissants pour enrayer immédiatement.

Mouvement. — Les conditions de vitesse sont restées comme par le passé comprises dans les limites ci-après :

	VITESSE A L'HEURE	
	en pleine marche.	effective.
	kilomètres.	kilomètres.
1. Trains express....................	60 à 73	52 à 56
2. Partie directe des trains ordinaires.	50 à 60	35 à 44
3. Trains omnibus.	38 à 50	28 à 37
4. Trains de marchandises.	18 à 25	»

Très-peu de trains sont omnibus sur tout leur parcours, de sorte que sur le parcours total la vitesse des trains ordinaires participe des vitesses 2 et 3.

Réseau de l'Est. — *Locomotives.* — La compagnie possédait au 31 décembre 1868, 837 machines, se répartissant comme il suit :

392 machines à voyageurs, dont 138 à roues indépendantes et 254 à roues couplées.

414 machines à marchandises, dont 371 à 6 roues couplées, 41 à 8 roues et 2 du système Hürock avec tender, pouvant fonctionner comme moteur, en utilisant la vapeur de la machine.

31 machines de gare.

L'importance toujours croissante du trafic et les rampes considérables que présentent les nouvelles lignes du réseau ont fait ressortir l'insuffisance de force et surtout d'adhérence des machines à roues indépendantes pour les trains un peu lourds. On ne construit donc plus guère que des machines mixtes et des machines à marchandises à 4, 6 et 8 roues couplées.

La compagnie de l'Est est entrée largement dans cette voie; elle a transformé 24 machines à roues libres en machines mixtes. Le seul type de machines à roues libres conservé en principe est celui de Crampton, affecté au service des trains express.

L'emploi perfectionné de la contre-vapeur était adapté au 31 décembre 1868 sur le chemin de fer de l'Est à 31 machines destinées à circuler sur les fortes rampes (maximum d'inclinaison 0.016). La compagnie fait en outre poursuivre dans ses ateliers la transformation successive de ses anciennes machines à marchandises.

Véhicules. — Le nombre de véhicules munis de freins est de 30 p. 100 des wagons ou voitures de la grande vitesse et de 10 p. 100 des wagons du service des marchandises.

Le système de freins le plus généralement employé sur le réseau de l'Est est encore celui à vis. Comme ce frein n'agit pas très-rapidement, la compagnie a eu recours au frein Stilman qu'elle a appliqué à six cents voitures ou wagons.

Dans ce frein, les deux sabots conjugués sont serrés contre les roues au moyen d'un coin descendant verticalement entre eux et que l'on manœuvre au moyen d'une vis à plusieurs filets. Cette vis porte un volant assez lourd qu'il suffit de lancer dans un sens ou dans l'autre pour produire rapidement le serrage ou le desserrage. Ce frein fonctionne bien.

Le frein automoteur proposé par M. Guérin avait été appliqué par la compagnie de l'Est à quatre cent véhicules. Mais plusieurs accidents ayant paru démontrer l'insuffisance de ce frein, notamment à la descente des fortes pentes, et des difficultés de manœuvre l'ayant fait interdire sur certains réseaux étrangers, la compagnie a pris, en 1867, le parti de renoncer à son emploi.

Dans la même année, MM. Lefebvre et Domé présentèrent un autre système de frein automoteur qui a paru exempt des inconvénients reprochés à celui de M. Guérin. On l'essaya d'abord dans les ateliers, puis sur des wagons en circulation, enfin la compagnie se décide maintenant, d'après les bons résultats de ces essais, à construire dix wagons armés du frein nouveau, afin de le mettre au service régulier.

M. Thoyot trouve le système des freins automoteurs très-logique; son application peut créer une grande puissance d'arrêt. Si on réussissait enfin à l'appliquer couramment, cette solution se combinerait de la manière la plus heureuse avec l'emploi de la contre-vapeur.

Réseau de la Méditerranée. — *Locomotives.* — Au 1er janvier 1868, la compagnie possédait mille deux cent quatre-vingt-onze locomotives; cent dix qui étaient en construction ont été livrées pour la plus grande partie dans le courant de l'année.

Les deux points essentiels à signaler au sujet des locomotives sont : 1° l'abandon en principe de la machine Crampton pour la traction des express; 2° l'adoption, mais seulement pour quelques lignes à très-fortes rampes et à trains lourds, de machines à huit roues couplées.

On a vanté la stabilité, l'entretien économique et le chiffre élevé de parcours annuel de la machine Crampton, par suite de la lenteur du mouvement du mécanisme. Cette lenteur est elle-même la conséquence du grand diamètre des roues motrices. Ces avantages sont réels, mais ils ne sont obtenus qu'au prix d'un inconvénient plus ou moins grave. Les grandes roues motrices placées au delà de la chaudière, et par suite loin du centre de gravité général, ne peuvent recevoir qu'une fraction limitée et souvent insuffisante de la charge, de sorte que l'adhérence fait défaut; de là un démarrage très-paresseux et des pertes de temps très-sensibles pour les express, dont les arrêts sont rares, il est vrai, mais dont la marche est si serrée. Le degré de gravité de ces défauts dépend des conditions de tracé et de charge des trains. Lorsque le défaut d'adhérence est faible, on peut, comme on l'a fait sur le Nord, appliquer un lest à l'arrière des châssis; mais, sur la Méditerranée, cet expédient serait insuffisant, le poids et la vitesse des trains express exigeant des machines plus puissantes et d'un poids adhérent moins limité.

La puissance exige de longues chaudières et par suite, pour ne pas exagérer l'empâtement, la position du foyer en porte à faux. Quant à l'adhérence, le moyen le plus simple de l'obtenir largement sans surcharger ni les essieux ni la voie est l'accouplement de deux paires de roues.

L'expérience a démontré que, avec un bon montage et des équarrissages suffisants, les ruptures de bielles d'accouplement que l'on redoutait avec de telles machines pour les grandes vitesses sont très-rares. Quant à la position du foyer en porte à faux, la condamnation souvent prononcée contre elle au point de vue de la stabilité, était trop absolue. Si la chaudière est longue et le porte-à-faux relativement peu considérable, si de plus les essieux extrêmes sont convenablement chargés (ce qui est alors facile), la stabilité peut être irréprochable. Les essais comparatifs faits sur la Méditerranée ont établi que, relativement aux machines Crampton, les machines à quatre roues couplées, bien combinées, ont une allure non-seulement égale, mais supérieure.

Le modèle adopté par la compagnie de la Méditerranée est calqué sur celui que la compagnie d'Orléans a fait construire, pour le service de ses trains de grandes vitesses, sur les lignes à rampes de $0^m.010$ et au delà.

Parmi les mesures que le réseau de la Méditerranée, s'il n'en a pas pris l'initiative, s'est en quelque sorte appropriées par le soin et l'intelligence avec lesquels il les a mises à exécution, il convient de citer l'application de la contre-vapeur aux locomotives.

L'addition d'un frein aux machines est une des garanties qu'on a réclamées le plus souvent et à très-juste titre. Maître des moyens de développer la puissance, le mécanicien doit avoir aussi dans la main les moyens d'arrêt, puisque mieux que tout autre il est à même d'apprécier la nécessité d'en faire usage et de s'en servir avec discernement.

On sait depuis longtemps que la locomotive possède en elle-même *un moyen d'arrêt* puissant : le renversement de la vapeur. Jusqu'ici les mécaniciens n'en usaient qu'avec répugnance et seulement en présence d'un danger pressant.

Cela tient d'abord à ce que la manœuvre est souvent difficile et même dangereuse pour le mécanicien. Cela tient aussi à ce que les tiroirs, dans les conditions actuelles de surface et de pression de la vapeur, ne peuvent être déplacés à la main qu'après avoir été soustraits à la pression de la vapeur; de là trois mouvements successifs : fermeture du régulateur, renversement du levier; ouverture du régulateur, et pendant ce temps le train dévore l'espace.

A ce point de vue spécial de l'arrêt complet et aussi prompt que possible, la question a été résolue d'une manière satisfaisante par la substitution du mouvement à vis au levier à crans. Le mécanicien peut alors déplacer les tiroirs sans pression, il opère à coup sûr, sans danger et avec un notable bénéfice de temps. La vis agissant par degrés en quelque sorte infiniment petits, permet d'ailleurs à un mécanicien intelligent de tirer le meilleur parti possible des éléments de la distribution.

S'il ne s'agit plus *d'arrêt*, mais de *ralentissement* des trains sur les pentes longues et très-inclinées, et qu'on veuille recourir à la force retardatrice de la contre-vapeur pour n'être pas réduit aux freins à main qui devraient alors être très-multipliés à grand renfort de personnel et au détriment de la voie et des roues trop souvent calées, il surgit de nouveaux obstacles, de véritables impossibilités : la pression et la température de la vapeur s'élèvent rapidement, les surfaces grippent, la pression dans la chaudière croît malgré le jeu des soupapes de sûreté dont le débit est devenu insuffisant; l'aspiration exercée par les pistons sur l'atmosphère de la boîte à fumée introduit dans les cylindres des cendres, des escarbilles, qui les détériorent, enfin la condensation de la vapeur qui est le point de départ du fonctionnement de l'injecteur Giffard, ne s'opère plus à cause de l'élévation de la température de la vapeur et l'alimentation est suspendue.

Ces inconvénients, qui aboutissaient à une véritable impossibilité, ont eu leur solution dans l'emploi de la contre-vapeur, devenue aujourd'hui tout à fait pratique.

Le procédé consiste à injecter directement dans l'échappement de l'eau et de la vapeur. Celle-ci empêche l'atmosphère de la boîte à fumée de s'introduire dans les cylindres; l'eau, en se vaporisant, absorbe de la chaleur et limite l'élévation de la température et de la pression.

L'exemple donné au chemin de fer du Nord de l'Espagne a éveillé l'attention de toutes les compagnies françaises, mais aucune ne l'a suivi avec plus d'intelligence, de résolution et d'esprit progressif que celle de la Méditerranée qui en a déjà fait l'application à onze cent huit machines en 1868, et comptait en munir les autres machines dans les six premiers mois de 1869.

La compagnie de la Méditerranée a rendu les deux admissions d'eau et de vapeur indépendantes et a appliqué le mouvement à vis au levier.

Chemins à fortes rampes. — Deux systèmes sont en présence pour la traversée des grandes chaînes; dans l'un, le tracé s'enfonce profondément dans le massif, évite, mais au prix d'immenses travaux, les rampes et les courbes excessives et échappe à la région des neiges, dans laquelle règnent les tourmentes. Dans l'autre, qui accepte ces inconvénients en vue de l'énorme économie réalisée dans la construction, le chemin franchit les cols comme les routes ordinaires. Quoi qu'on fasse, quel que soit le mode de traction adopté, la vitesse est nécessairement très-limitée, tant à la descente qu'à la remonte sur les fortes inclinaisons; à la descente par précaution; à la remonte pour augmenter l'effort de traction disponible et par suite la charge remor-

quée et atténuer d'autant l'influence de poids mort du moteur.

Mais en augmentant ainsi la charge remorquée par la réduction de la vitesse, on se trouve en présence d'une autre
difficulté, l'insuffisance possible de l'adhérence ; de là des
artifices essayés pour y suppléer.

Système Fell. — Les gouvernements français et italien
ont autorisé M. Fell à établir sur la route du mont Cenis
un spécimen du système qui porte son nom et est carac-
térisé par un rail central très-saillant sur lequel des roues
horizontales placées sous la machine et recevant comme les
roues portantes le mouvement du mécanisme, développent
sous l'action d'une pression graduée à volonté au moyen de
ressorts, le complément d'adhésion nécessaire.

L'inclinaison des rampes va jusqu'à o.o85, le rayon des
courbes descend à 4o mètres ; faute d'espace, la largeur de
la voie a été réduite à 1.o5.

On a essayé successivement des machines à 4 cylindres
agissant séparément deux par deux sur les roues d'adhérence et sur les roues portantes, puis des machines à 2
cylindres seulement mettant en mouvement les 2 systèmes
de roues en même temps. Les ruptures, malgré l'énormité
des équarrissages, ont été fréquentes dans ce dernier cas.
On reviendra donc dans les nouvelles machines aux 4 cylindres et l'on s'en trouvera bien.

Chaque véhicule a ses deux freins agissant l'un sur les
roues, l'autre sur le rail central, pour modérer la vitesse à
la descente ou se prémunir contre la marche en dérive en
cas de rupture d'attelages à la remonte. Ces attelages, au
surplus, sont très-robustes.

L'exploitation de cette petite ligne a été soumise, dès ses
débuts, à de rudes épreuves par suite des pluies torren-
tielles de l'été, mais elle a franchi sans encombre l'hiver
qui lui a épargné ses plus fréquentes rigueurs. Le service
a présenté une régularité satisfaisante, sans accidents sé-

rieux et sans autres retards que ceux qu'ont occasionnés les avaries des machines. Les galeries couvertes construites fort légèrement et interrompues au faîte pour assurer la ventilation ont bien résisté, grâce au peu d'abondance des neiges.

Élever la locomotive à l'altitude de 2200 mètres, franchir les Alpes avec un tracé aussi tourmenté que celui d'une route rectifiée seulement çà et là, le faire avec régularité, avec une sécurité complète, c'est assurément un tour de force.

Il faut rendre justice à la hardiesse de M. Fell, au mérite de beaucoup de détails d'exécution, au dévouement du personnel, à la grandeur du résultat. Mais faut-il y voir une sanction pratique du système?

Après comme avant ce succès relatif, auquel il faut rendre hommage, les objections restent les mêmes. Ces objections sont indépendantes de la rigoureuse possibilité du système. La locomotive nous semble complétement dépaysée sur des rampes de 0.085, même bien au-dessous de ce point, et cela d'autant plus que ces rampes si outrées coïncident avec des courbes d'une raideur également excessive.

Système Agudio. — Dans les conditions de configuration du terrain, qui imposent à la locomotive de semblables tracés, la traction par machine fixe sur des plans inclinés à très-fortes pentes, faciles à appliquer sur le relief du sol, paraît infiniment préférable. M. Agudio a demandé l'autorisation d'établir le système dont il est l'inventeur en regard de celui de M. Fell. Il franchirait ainsi d'un seul bond, avec une inclinaison de 0.20 et même plus les 700 mètres de différence de niveau entre Lauslebourg et le sommet du col. S. Exc. le ministre a bien voulu accorder à cet ingénieur une subvention considérable, et la compagnie de la Méditerranée s'est associée de son côté à cette marque d'intérêt. Il est à désirer que cette grande expérience soit faite le plus tôt possible.

Chemin de la Croix-Rousse. — L'exploitation si active du plan incliné à 0.165 de la Croix-Rousse n'a donné lieu à aucun accident grave. Les freins à grappins qui doivent fonctionner automatiquement en cas de rupture du câble, sont, conformément aux règlements, l'objet d'une vérification journalière de la part des agents du contrôle. Tous les quinze jours on provoque, en détendant le câble, la chute des freins; le câble lui-même est soumis à des épreuves périodiques d'autant plus fréquentes qu'il a fait un service plus prolongé. Faites d'abord tous les quinze jours, elles sont renouvelées ensuite toutes les semaines, à moins que la compagnie ne préfère alors remplacer le câble pour éviter ces épreuves si répétées qui ne peuvent être faites que pendant la nuit.

La durée du câble varie de onze à quatorze mois.

Deux accidents, sans aucune gravité d'ailleurs, ont été causés par des portières restées ouvertes et sur lesquelles les voyageurs s'appuyaient. Pour prévenir les accidents de ce genre, la compagnie a appliqué récemment à ses voitures un système qui permet au conducteur de fermer d'un seul coup toutes les portières d'un même côté d'une voiture.

Les voitures à impériales ont été remplacées par un type beaucoup plus simple.

Le personnel se compose de 33 personnes, 1 chef d'exploitation, 2 agents pour la voie, 9 pour la traction, 21 pour le mouvement.

Ce chemin transporte annuellement 2 300 000 voyageurs et un grand nombre de charrettes.

Comme spéculation, le plan incliné de la Croix-Rousse donne de médiocres résultats, mais il rend à la population lyonnaise des services fort appréciés.

Si l'administration ne s'est jamais départie de la prudence que lui impose la responsabilité, elle s'est prêtée résolument à l'application des conceptions les plus hardies, lorsqu'elles lui ont paru entourées de garanties complètes de sécurité.

Les chemins de la Croix-Rousse et du mont Cenis le prouvent. Nulle part des chemins de fer n'ont été exécutés dans des conditions aussi hardies et, au point de vue de la sécurité, le succès est complet.

Il va sans dire, d'ailleurs, que le mérite de ce succès appartient aux inventeurs, et que l'administration ne peut en revendiquer qu'un, le seul qui soit dans son rôle, celui d'avoir apprécié sainement les choses et engagé sans hésitation sa responsabilité.

Réseau d'Orléans. — *Locomotives.* — Le matériel moteur comprenait, au 31 décembre 1868, 729 machines locomotives, savoir : 193 à voyageurs, 221 mixtes, 291 à marchandises et 20 pour le service des gares.

Dans le courant de 1868, la compagnie a expérimenté sur ses lignes à fortes pentes, la machine le *Cantal*, locomotive à dix roues couplées et à deux cylindres munis d'un frein à contre-vapeur, avec lequel on peut régler la vitesse sans recourir aux freins des wagons. La puissance de cette machine est telle qu'on peut remarquer le train le plus lourd que comportent les attelages du matériel français. C'est le premier exemple de cinq essieux parallèles couplés et commandés par deux cylindres. Une disposition particulière, qui permet aux essieux de se déplacer latéralement, facilite le passage dans les courbes de faible rayon.

Une deuxième machine de même modèle est en voie de construction.

Parmi les perfectionnements apportés ou continués en 1868 au matériel moteur, on peut mentionner :

1° L'établissement de freins à contre-vapeur sur un grand nombre de machines ayant à circuler sur les sections accidentées ;

2° Le changement de marche à vis complétement indépendant du frein à contre-vapeur et par lui-même précieux pour le mécanicien, qui peut alors à coup sûr, en cas d'obstacle imprévu, battre contre-vapeur ;

3° Le frein à contre-vapeur adopté sur la ligne de Limours.

Mouvement. — La vitesse des trains a été réglée comme il suit :

	VITESSE A L'HEURE	
	en pleine marche.	effective.
	kilomètres.	kilomètres.
Pour les trains express.........	65	53.00
Pour les trains omnibus........	50	33.33

Réseau de l'Ouest.— *Locomotives.* — Le matériel moteur se composait, au 1er janvier 1868, de 630 locomotives des types suivants : 52 à roues indépendantes, 320 à quatre roues couplées, 238 à six roues couplées et 20 pour le service des gares. Ce matériel est employé sur le nouveau réseau comme sur l'ancien.

La compagnie n'a pas établi de distinction entre les machines destinées aux trains de voyageurs et celles des trains de marchandises. Les machines à six roues couplées sont toutefois plus particulièrement destinées aux trains de marchandises. Quant aux machines à quatre roues couplées, elles font un très-bon service même dans les trains express, dont la vitesse est maintenue du reste dans des limites modérées.

Mouvement. — Les vitesses des trains sont comme suit :

	VITESSE PAR HEURE	
	en pleine marche.	effective.
	kilomètres.	kilomètres.
Trains express.	60 à 70	40 à 50
Train de marée de Paris à Dieppe. .	»	57
Trains omnibus.	30 à 50	17 à 40

Les moyennes pour les trains express sont de 60 kilomètres en pleine marche et de 45 kilomètres effectifs.

Pour les trains omnibus, les chiffres moyens sont 46 et 27. La vitesse effective de 17 se rapporte au chemin de ceinture. Ce résultat peu satisfaisant tient au rapprochement des stations. Le train vient à peine de reprendre sa marche normale que déjà il faut songer à l'arrêter.

La vitesse des trains de marée de Paris à Dieppe est très-satisfaisante. Pour les autres trains express on ne pourrait obtenir un meilleur résultat effectif qu'en augmentant la vitesse ou en réduisant le nombre des arrêts.

L'accélération de vitesse n'est guère possible sur des chemins à profil accidenté et souvent à simple voie.

Il ne faut pas songer à réduire le nombre des arrêts, cela soulèverait les plus vives réclamations de la part des déshérités. Les arrêts ne peuvent être réduits que sur les lignes où il existe plusieurs trains express, ce qui permet d'arrêter le premier à un point, le second à un autre ; mais il n'existe de double train que de Paris à Dieppe, c'est ce qui a permis de réduire exceptionnellement à deux le nombre des arrêts sur un parcours de cette étendue et d'obtenir la vitesse effective de 57 kilomètres.

Dans les conditions particulières où le réseau de l'Ouest se trouve placé, les vitesses indiquées sont acceptables.

Réseau du Midi. — *Locomotives.* — A la fin de 1868, le nombre des machines en service était de 326 dont 40 à voyageurs, 124 mixtes, 152 à marchandises et 10 pour le service des gares.

Sur ce nombre, 22 machines à marchandises ont été mises en service en 1868.

Les machines à voyageurs font la traction des trains de grande vitesse. Elles sont presque toutes munies d'un frein spécial destiné à produire un arrêt plus prompt en cas d'accident.

Les machines mixtes sont appliquées aux trains-omnibus

mixtes et quelquefois aux trains de marchandises peu
chargés.

Les machines à marchandises sont généralement employées à remorquer les trains que leur nom désigne. 26 cependant d'entre elles font aussi sur les lignes à profil accidenté le service des trains de voyageurs. Ces 26 machines ont une grande puissance et peuvent marcher à la vitesse des trains de voyageurs. La compagnie en portera le nombre à 48 en 1869. Elle a fait, en outre, la commande au Creusot de 20 machines à marchandises d'une grande puissance, ce qui portera le nombre des machines de ce type à 35.

On a pourvu 46 machines à marchandises d'appareils à contre-vapeur. Cet appareil rend de très-grands services à la descente des fortes pentes dans les Pyrénées. Aujourd'hui, grâce à lui, on peut circuler en toute sécurité sur ces pentes. Le matériel ne paraît pas d'ailleurs avoir souffert jusqu'à présent de cette installation.

Mouvement. —Le service des gardes-freins laisse parfois à désirer. Ces agents ne sont pas assez préoccupés du service important qui leur est confié. Dans des expériences récentes, auxquelles a procédé le service du contrôle, on a reconnu que fréquemment les freins ne sont serrés que longtemps après le signal donné par le mécanicien. Cette négligence peut avoir des conséquences funestes pour la sécurité.

Le service des freins est très-bien fait sur la partie de voie de la ligne de Toulouse à Bayonne, comprise entre Caprein et Tournay, dont l'inclinaison est de 0.032. Une équipe spéciale de quatre hommes accompagne le train pour faire le service des freins.

La traction s'y fait d'ailleurs d'une manière particulière au moyen de deux machines. A la remonte, une machine est placée en tête, l'autre en queue du train, à la descente les deux machines sont en tête.

Les trains montants ne peuvent dépasser la vitesse de 25 kilomètres à l'heure et les trains descendants celle de 30.

Observations. — Toutes les compagnies se préoccupent évidemment d'augmenter la puissance des machines.

Pour le service des marchandises on est arrivé à des locomotives à dix roues couplées avec deux cylindres.

Pour le service des voyageurs la machine Crampton, *en raison de ses qualités incontestables,* continue à être employée avantageusement partout où l'on peut se contenter de deux roues motrices, c'est-à-dire d'une charge d'adhérence de 13 tonnes au plus. Elle compte plus de quinze ans de service dans des conditions irréprochables.

Mais pour les profils à forte déclivité, pour les trains qui, quoique rapides, doivent être fortement chargés, ce type de machine n'offre pas assez d'adhérence. On a recours alors aux machines à quatre roues couplées et l'expérience a démontré qu'on peut le faire avec sécurité, malgré les inconvénients qui tiennent à la plus grande complication du mécanisme et au moindre rayon des roues.

Au point de vue de la traction, on peut résumer ainsi les tendances actuelles : un seul moteur par train sans surcharger aucune roue ; en raison des fortes déclivités qui se rencontrent maintenant sur tous les réseaux, augmentation de la puissance des machines qui permet d'ailleurs d'accroître la charge des trains sur les profils plus favorables.

Ces conditions rendent plus impérieux le besoin de rester maître de la vitesse des trains. La nécessité d'arrêter rapidement leur marche qui a toujours préoccupé l'opinion publique, le besoin d'empêcher l'accélération de vitesse sur les pentes qui s'est imposé surtout depuis l'exécution de tant de lignes à fortes déclivités acquièrent de plus en plus d'importance et, comme cela arrive souvent, la découverte des moyens d'obtenir ce résultat a été faite quand elle devenait indispensable.

Pendant longtemps on n'a appliqué les freins qu'aux tenders et aux voitures ; mais ces freins très-multipliés exigeaient un personnel nombreux dont l'action était loin d'être toujours immédiate. On a eu recours, pour diminuer ces inconvénients, aux freins automoteurs qui, comme on l'a fait remarquer, sont très-logiques. Malheureusement, jusqu'à présent, ils ne se sont pas montrés aussi pratiques et il en a été presque toujours ainsi, sur les chemins de fer principalement, de tous les appareils de ce genre en raison de leur mécanisme trop délicat et du fonctionnement incessant que comporte l'exploitation. Le frein Guérin en particulier qui a été très-prôné en son temps est à peu près condamné.

Tous les freins par frottement ont d'ailleurs l'inconvénient grave d'exercer sur les roues et les rails une action destructive. Ils n'agissent qu'en développant une résistance dont le fer des roues et des rails est l'aliment.

Les moyens d'arrêt des trains doivent avant tout être sous la main du mécanicien. Aussi a-t-on, dans ces derniers temps surtout, appliqué des freins aux locomotives. La compagnie du Nord a même mis à la portée du mécanicien le frein du fourgon lesté qui suit le tender.

Mais la véritable solution de l'arrêt rapide du train et surtout du règlement assuré de leur vitesse sur les fortes pentes a été donnée par les appareils qui ont rendu l'emploi de la contre-vapeur pratique. Avec elle le mécanicien suffit à la besogne ; il peut, sur les fortes pentes, réduire à la vitesse imposée par les conditions de sécurité la marche du train que l'action directe de la machine pourrait entraîner en descendant. Il dispose d'autant de force pour le ralentissement en pente qu'il en avait pour l'accélération en rampe. La contre-vapeur agit d'ailleurs sans enrayer et ménage par conséquent autant que possible les roues et les rails.

Ce moyen d'action si puissant, obtenu par des procédés si simples, est certainement le progrès le plus important qu'on ait réalisé depuis longtemps dans l'exploitation des chemins de fer.

Les exposés de MM. les inspecteurs généraux du contrôle permettent de conclure au point de vue de l'étude des lignes :

Que la question des pentes et rampes des chemins de fer peut être considérée maintenant comme résolue, au moins en ce sens qu'il n'y a plus à se préoccuper des dangers qui pouvaient faire hésiter à adopter au besoin de fortes déclivités.

Les locomotives construites pour les inclinaisons qui conviennent à leur nature ont réalisé déjà une si grande puissance de traction sans dépasser par essieu la charge de 12 à 13 tonnes, qu'on peut considérer cette charge comme la limite de celles auxquelles les rails peuvent être soumis. Ils seront d'ailleurs à l'avenir moins exposés à être usés par l'effet des freins. Pour les ouvrages d'art il sera utile de ne pas perdre de vue le poids total des moteurs qui est un des éléments des calculs de résistance des épreuves auxquelles ces ouvrages donnent lieu.

XIII. — APPRÉCIATION FINALE DU SERVICE.

Observations. — Il résulte des appréciations des rapports que le personnel inférieur des compagnies fait son service avec soin et qu'il n'y a guère à lui reprocher que des fautes qui tiennent plus aux défaillances de la nature humaine qu'à la négligence et dont les agents sont le plus souvent, du reste, les premières victimes.

Les employés supérieurs des compagnies portent la plus grande attention à tout prévoir, à tout régler, et la responsabilité des accidents ne remonte guère jusqu'à eux.

Ces employés et les conseils d'administration ont certainement des préoccupations qui se rattachent aux intérêts matériels de la compagnie ; mais un de MM. les inspecteurs

généraux le dit, et on peut admettre que c'est l'opinion commune : « Si la différence de point de vue amène néces-
« sairement des discussions (entre les compagnies et le ser-
« vice du contrôle), elles aboutissent presque toujours à
« une transaction qui concilie tous les intérêts. »

Ce résultat, il faut le constater, est heureux et montre le bon esprit des contrôleurs et des contrôlés et l'effet salutaire de la responsabilité. La persuasion est évidemment, dans un tel service surtout, le meilleur moyen d'action, et les pouvoirs de l'administration restent comme ressource pour les cas rares où l'on ne peut arriver à une conclusion amiable.

Les rapports indiquent assez que les compagnies sont toujours à la recherche des améliorations et des progrès. Les innovations apparentes sont cependant peu nombreuses, et cela se comprend par la raison que dans des exploitations si considérables le passé enchaîne souvent le présent; que les fautes commises deviennent facilement ruineuses; que les questions en apparence les plus simples soulèvent mille difficultés d'application, et qu'il ne suffit pas de quelques essais réussis pour être sûr du caractère pratique de ce que l'on étudie. L'expérience du passé le démontre surabondamment. L'impatience n'est guère de mise en pareille matière et l'essentiel est que les compagnies se tiennent au courant de ce qui se fait ailleurs et aient toujours en vue l'amélioration du service.

L'exposé de 1868 fournit à cet égard des constatations satisfaisantes.

(Extrait des *Annales des ponts et chaussées*, tome III, 1872.)

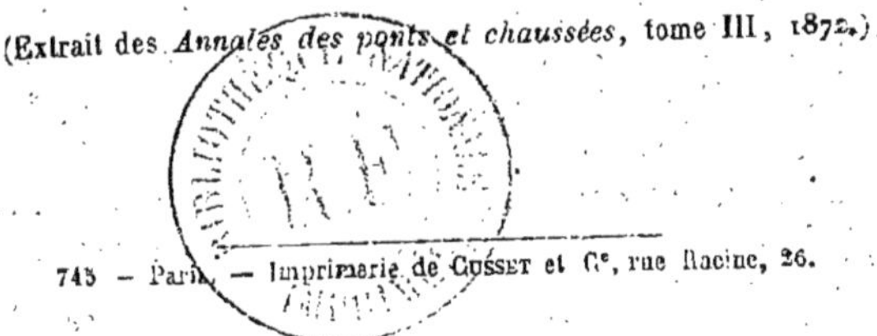